Idea man

快速抓重點，過目不忘的閱讀術

年讀700本人氣書評家高效率閱讀技巧大公開

遅読家のための読書術

日本知名作家、書評家
印南敦史——著

簡琪婷——譯

前言——

為什麼「五分鐘讀一頁」的慢讀者能成為「年讀七百本」的書評人？

我的閱讀速度究竟有多慢？

「我熱愛閱讀，雖然想看的書好多，可是卻完全撥不出時間看……」

「因工作需要，有些書我非看不可，不過我的閱讀速度實在太慢了……」

「閱讀量明顯變少，雖然心想『今天一定要看書』，可是卻好睏……」

自認為「**閱讀速度很慢**」的人似乎不少。

一般所謂的「速讀工具書」之所以接二連三地出版問世，就是因為實在有太多人對於自己的「閱讀速度」感到傷腦筋吧。

由於我本身也曾為此煩惱了許久，因此我非常理解這些人的心情。

其實，我目前是名**專業書評**，每個月得為《生活駭客（LifeHacker）〔日文版〕》、《新聞週刊（NewsWeek）日文版》等多個資訊網站，寫出近六十本書的書評。然而我每個月的閱讀量，實質上已超過六十本書，閱讀的速度其快無比。

「好厲害喲！我的閱讀速度很慢，所以絕不可能看到六十本書，更別說還得針對內容寫出書評，簡直太不可思議了！」

雖然經常有人這麼對我說，不過其實不瞞您說，**我也是個不折不扣的「慢讀者」**。為了實測看看，我以手邊的翻譯版商業書籍試著計時，**結果我花了將近五分鐘才讀完一頁**。如果邊發呆邊看，有時還會花上將近十分鐘。

此外，我還會讀到最後一句時，發現「咦？這十句完全沒印象耶」而回頭重讀，或是自覺「糟糕，從前面那個部分開始，就沒讀進腦袋裡耶」，於是又回頭翻到之前的頁數。這樣的狀況若置之不理，將會一而再，再而三地發生。

雖然我不太願意承認，不過我的閱讀速度真的是「**令人驚訝的慢**」（說不定各位的速度還比我快一些）。

每當我這麼一說，沒想到竟有不少人立即回應「我也是！我也是！」、「你是在說我吧！」大體而言，這就是一般人的閱讀模式吧。

以我個人的閱讀為例，直到幾年前，我都以為這樣的模式十分理所當然。然而，不管怎麼說，要以這種模式月讀六十本書，簡直不可能。

就在這樣的狀況下，二〇一二年夏天，《生活駭客》當時的總編輯問我：「能否請您擔任本公司網站每日一書的書評專欄主筆？」當下我的內心忐忑不已。時至今日，說穿了也無妨，其實當時我一邊答覆「請務必讓我試試看！」腦袋中卻一邊想著「**怎麼可能每天看一本書嘛……**」

而今，我已身為四個網站的書評主筆，一個月要寫出六十本書的書評。如此概算起來，一年就能寫出七百本以上的書評，因此憑良心說，我自己也覺得「這是真的嗎？」

出自前慢讀者的構想，獻給慢讀者的閱讀術——

本書為探討閱讀術的書籍，專門獻給「和我以前一樣抱持相同煩惱的人」。

「前慢讀者所寫的閱讀術？……是什麼樣的閱讀術啊？」

各位是否覺得有些擔心？沒錯，**通常「閱讀工具書」的作者，多半是「擅長閱讀之人」**。這些人不僅對自己的閱讀能力毫無懷疑，甚至可說是「能流暢地把書看完的優秀人才」吧。

基於此故，倘若本書有所價值，我認為重點就在於「原本拙於閱讀的人，寫出自身克服障礙的方法」。

那麼，後來的我究竟發生了什麼事呢？

與其講求速讀術，不如講求「正確的瀏覽」

容我聲明在先，我並沒有四處蒐購速讀術的書籍來看，也沒去聽可疑的講座或購買奇怪的教材（這類的事我相當不拿手）。

相關細節將於正文中詳談，但若要先透露一些的話，一言以蔽之，**那就是針對「閱讀行為」，我讓自己轉換了思維**。

其實我們對於閱讀，抱持著相當根深蒂固的「成見」。

基於此故，根據自己對於閱讀行為的定位，以及打算如何面對書籍的態度，我們其實是可以隨心所欲地控制閱讀的速度。

適當的技巧與訣竅是必要的，不過在此之前，只要先改變「思維」，**任何人都能打好以每日一書的步調進行閱讀的基礎**。

最棒的是，只要能做到這點，閱讀將變得十分輕鬆。**所謂「勉強自己努力閱讀」的感覺幾乎蕩然無存。**

到此各位應該已經明白，接下來我要介紹的閱讀術，和一般訴求「眼球運動訓練」或「極速翻頁」的「速讀術」，節奏感迥然不同。

因此，如果是期待學習速讀技巧的人，本書極可能無法滿足您，請務必留意！

「閱讀量銳減！」的超單純原因

前幾天，有個人對我這麼說：

「好羨慕印南先生能閱讀大量書籍喲，我在求學階段也曾是個熱愛閱讀的人，這幾年的閱讀量愈來愈少，然而我老是忙到撥不出時間閱讀，而且閱讀速度也很慢……」

「**明明以前經常看書，但近來閱讀量卻大幅銳減。**」有此感慨的人真的不少耶。話雖如此，其實原因何在，大家應該心裡有數。

這肯定是智慧型手機造成的影響。自從能透過智慧型手機瀏覽社群網站或網路新聞以來，多數人的「閱讀方式」在不知不覺中起了變化。由於龐大的資訊量如洪流般湧入手機畫面，若仍採用過去那種「逐字閱讀法」，根本來不及閱讀。

基於此故，姑且不論是否刻意而為，我認為這幾年下來，**大部分的人都已養成「不用心閱讀（隨便讀讀）的習慣」**。

感慨「閱讀量變少」或「變得不會閱讀」的人，剛好處於這種「新式閱讀法」和「舊式閱讀法」的交替之際，直接被撕裂成兩半。

這種內心的糾葛，除了純智慧型手機世代之外，其他人全都有所體會。

明明腦部正準備熟悉「新式閱讀法」，卻只針對書籍打算沿用「舊式閱讀法」——這種矛盾心理引發了排山倒海的壓力。

愈打算一如過往地用心閱讀的「愛書人」，愈覺得閱讀令他痛苦不堪。這類的人也可喻為**新意涵的「慢讀者」**。

該選擇哪一種「閱讀方式」呢？

在此我們剩下兩條路可走。

對於漸漸變得不會閱讀的自己，是否撒手不管，繼續前行？

還是讓自己學會「新式閱讀法」，重新找回盡享閱讀、沉浸書香的人生？

我認為就算有人選擇前者也完全無妨，畢竟我無意鼓吹「透過閱讀，讓自己具備生存於現代的知識涵養」、「閱讀正是成就『能人』的捷徑」等冠冕堂皇的論調，而且我也認識很多無須書籍就能開心度日的人。

不過，就我個人的看法，相較於「不閱讀的人生」，我認為「閱讀的人生」還是令人開心多了。

打個比方來說，要是把我現行的「年讀七百本書的閱讀生活」就此堅持十年，最後將可閱讀七千本書。光是想像「有七千本書流動於自己體內」，就令人有些躍躍欲試吧？

就算只是微微心動，不過本書正是為了此刻感覺躍躍欲試，或是不禁興致勃勃的人而寫。

透過閱讀可讓人變聰明、工作能力變強、變成鉅富……關於這些論點，本書姑且撇開不談。

我以個人的觀點，將一些思維與技巧彙整於本書當中，希望能為那些深知閱讀之樂，但卻對目前的閱讀量及閱讀速度感到不滿的人提供協助。

就連原本一頁得花將近五分鐘閱讀的我都能有所長進，因此即使是情況再糟的慢讀者，也肯定沒問題！

那麼，就立刻進入主題吧。

目次

CONTENTS

第1章 為什麼閱讀速度很慢？——瀏覽式閱讀的思維

CONTENTS

第3章 為什麼就算讀過還是忘記？

——儲存閱讀體會的絕招

CONTENTS

第4章 瀏覽亦有其法則
——不會錯失要點的「搜尋式閱讀法」

CONTENTS

CONTENTS

CONTENTS

第1章

為什麼閱讀速度很慢？

——瀏覽式閱讀的思維

慢讀者唯一共通的主觀意識

究竟「熟讀」了多少？

我屬於閱讀速度緩慢的人。就算特別加以留意，有時仍會不自覺地一再回頭重讀相同字句，或是望著書發呆，完全無法將書中內容塞進腦袋。

水前寺清子女士（日本知名演歌歌手）早期的暢銷金曲「三百六十五步進行曲」中，有句歌詞為「進三步，退兩步」，完全就是這種感覺……

不開玩笑，我甚至曾煩惱於「自己的腦袋是不是有問題啊……？」不過就在忙東忙西的過程中，我學會了快速閱讀的技巧。

以目前的我來說，一本撰寫書評用的書，平均約二十到三十分鐘看完，接著再花大約六十分鐘完成書評。

在此想先請教一下，**大家閱讀書籍時，通常會「深入」到什麼程度？**

一旦打算熟讀，就會變成極度「慢讀」的我，實在非常羨慕那些能一邊維持定速，一邊熟讀的人。

雖然過去我也曾為了提高熟讀的精確度，而反覆努力了一段期間，不過技巧卻毫無提升。

如此一來，自然漸漸產生「自己肯定能力不足」的心態。雖然我熱愛閱讀，但對我而言，面對書籍也是一種深切體認自身缺點的動作。

然而，自從我試著展開日讀一書並撰寫書評的生活後，我的閱讀方式慢慢有所變化。尤其是如果還一直嘀咕「沒看仔細一點的話……」，將會來不急交稿。由於網站編輯正等著準備隔天刊登的稿件，因此必須配合網站作業的步調翻閱書籍。

就算讀得再仔細，「會忘的」還是會忘

此外，自從開始撰寫書評後，我察覺到一個很現實的狀況，那就是**「即使讀得再熟，實際上仍以忘記的部分較多」**。

閱讀速度和理解程度・記憶，根本完全不成比例。換言之，所謂「既然要撰寫書評，就得讀得又慢又仔細……」，簡直是天大的誤解，而且就算讀得又慢又

仔細，也未必能把內容更徹底地塞進腦袋。

這是相當基本的要點。

由於世上還是有人具備極其罕見的理解力・記憶力，或許這類的人僅僅熟讀一次，便能擁有深刻的閱讀體會。然而，大部分的人應該無法僅閱讀一次，就將書中內容一字不漏地輸入腦中熟記。

話雖如此，大家也無須因此感到洩氣。所謂「無法塞進腦袋的部分較多」，若以反向思考，正意味著**「對自己而言相對重要的部分，全都凝縮於沒有淡忘的記憶中」**。

要是腦袋的角落殘留著「什麼」，那麼可以說，至少這個部分對自己來說實屬必要。得自於那本書的核心價值全都在此，而看完整本書的意義，就是為了邂逅這個段落——我相信即使這麼說也毫無問題。

從「百分百複寫」變成「邂逅百分之一」

閱讀「那一本書」就是為了邂逅「那一句話」

「所謂書籍，就是忠實重現『作者腦內的思想』。」

「所謂閱讀，就是將書中內容忠實複印於自己腦中。」

只要被上述思維束縛，就會一再堅持所謂閱讀就是「熟記書中內容的行為不忘書中內容的行為」吧。結果，大部分的人便會一邊深感壓力，一邊拚命將書中內容塞進腦袋裡。

而且（相當可惜的是）原本「打算」熟讀牢記的部分，多半會隨著時間的流逝（並在極短的時間內），漸漸由記憶中消失。而最終的結論，**就是沒有任何事比「以全數灌注腦中為前提的閱讀」還要白費力氣。**

請大家試著回想自己的閱讀體會。所謂「太令人感動了！」或「受到的影響太大了！」的書籍當中，是否至少存在一頁「記憶相當深刻的部分」？

事實上有記憶的部分頂多只是一兩個句子，或是「想不大起來書中寫了什麼，只記得『這的確是本很棒的書』」，不是嗎？

相信各位由此已經了解，**閱讀真正的價值，並不在於「百分百複寫」書中內容，而是能感受個中價值的「邂逅百分之一」**。

並非「閱讀速度緩慢」，而是受「熟讀魔咒」干擾

這就是本書基本的「閱讀思維」。

其實對於習慣大量閱讀的人而言，他們應該認為這種思維十分理所當然。希望自認屬於「慢讀者」的各位，也能先擺脫這個「**熟讀魔咒**」再說。

總而言之，所謂慢讀者無關能力有無，而在於閱讀時採用的方式。

世上並不存在「可快速閱讀的人」，以及「只能龜速閱讀的人」。只有「擺脫熟讀魔咒束縛的自由之人」，以及「無法擺脫熟讀魔咒束縛的人」。

重要的是閱讀之後，微乎其微的知識和啟發將殘留腦中，即使相當零碎也無妨。只要有一個深刻的印象留存下來，就應該視這次的閱讀相當成功，切勿貪心

地想要「一字不漏地全裝進腦袋」。

是否過度期待「唯一一次的閱讀」？

更進一步來說，也能採用後述的思維。

假設花了一個星期熟讀一本書，結果一個月後卻只記得「百分之一」的內容。如果是這樣的話，還不如同樣花一個星期快速閱讀十本書，一年後便有「百分之十」的收穫，這樣不是反而更棒？

並非深入閱讀一本書，**而是從大量書籍中收集「小碎片」，然後結合成「一大塊」**。這正是慢讀者必定欠缺的概念。

小碎片一旦集結，將會陸續相互串聯，進而變成更大的知識。打個比喻來說，感覺就如以「樂高」積木組裝出某種大型物件一般。

不是只熟讀一本書，意圖猛然得到一塊大積木，而是先快速地閱讀大量書籍，增加手中的積木數量。

若想玩樂高積木，非得有相當數量的積木，否則就不好玩吧？

聲稱「閱讀很難令人開心」的人，八成是手中的積木太少，還沒體會到接下來組裝成新物件的個中樂趣。

猶如「聽音樂」似地變得「會閱讀」

「聽」和「讀」彼此雷同

話雖如此，我想仍然有人極力反駁這樣的閱讀理論。

那麼，我就試著由其他角度稍微說明一下吧。

其實我原本在一家沒沒無聞的廣告公司擔任文案人員，後來，我先以兼差的方式擔任**樂評人**，接著便到音樂專業雜誌編輯部工作。自立門戶後，我將重點擺在一般雜誌，以自由作家的身分闖蕩將近二十年，不過我至今仍熱愛音樂，並會定期舉辦DJ活動等。

雖然本書為有關閱讀方法的書籍，但偶爾會出現音樂相關的話題，這是因為我「寫稿工作」的原點為樂評人之故……縱使不能推說與此事無關，不過其實還有更大的原因。說起來相當簡單，那就是無論書籍或音樂，對現在的我而言，感覺上大同小異。**沒想到「讀」和「聽」，彼此的共通點還真不少。**

大家喜歡音樂嗎？大家都是為了什麼原因，以什麼方式聆聽音樂呢？我想大部分的人是為了緩和或振奮心情，而在自己得以放鬆的環境下盡情聆聽吧。此外，應該也有人一邊走路一邊聽、一邊搭電車一邊聽、一邊開車一邊聽，或是一邊用餐一邊聽。

或許其中有人是「全神貫注聆聽，一個音符都不錯過」，但我從未遇過心裡計畫著「好！來聽音樂吧！先聽前奏，接著聽主歌！」的人，通常應該是「等待」音樂自然而然地進入自己內心。

其實本書的終極目標，就是要如法炮製出此般「**猶如聽音樂似地會閱讀**」的狀態。

沒有人打算「熟記」音樂

輕鬆自在地欣賞環境音樂時，針對大量細部的樂句或旋律，我們往往「充耳不聞」。

明明是早已耳熟能詳的曲子，卻突然發現「咦？這裡本來就有這個音嗎？」我想大家都曾有過這樣的經驗，但此乃理所當然之事。畢竟若打算把所有進入耳朵的旋律、各種身體感受到的節拍、細部包含的音符等全都記起來，根本是毫無可能的。

更重要的是，如此一來將無法享受音樂。並非把進入自己內心的音符「當成知識收藏」，**而是讓音符從自己內心川流而過，如此才能感到心曠神怡**，至少我一直以來，都是以這種方式接觸音樂。

然而，在此有個重點，那就是對於音樂無論再怎麼聽而不聞，應該還是有「餘音」殘留。雖然不確定殘留的是旋律、節拍，還是歌詞，但既然是音樂，就勢必在我們內心引發些什麼作用，同時留下些什麼。

所謂熟記所有音符的排列、能以樂器再次完美演繹、把歌詞默記起來等，應該都不是聽音樂的本來目的。**聆聽之後在自己內心產生的感覺，才是這個音樂的根本「價值」**。

不再收藏。何謂瀏覽式閱讀？

為何唯有閱讀時會變成「讀書」？

雖然前面談了很多有關音樂的內容，但相信大家已經察覺我想表達的意思。

沒錯，我認為閱讀和音樂根本如出一轍。

通常我們並不會把音樂看成嚴肅拘謹的事物。

基本上音樂屬於「享受的事物」、「追求心靈平靜的事物」、「為了炒熱氣氛的事物」，換言之，音樂十分貼近一般大眾。

既然能把音樂當成休閒娛樂來享受，為什麼我們一旦面對書籍就變得神經緊繃、正經八百呢？難道不能像聽音樂一般，更輕鬆自在地享受閱讀嗎？

所謂慢讀者，就是對於閱讀無法割捨「認真情結」的人。

「熟讀魔咒」的始作俑者，恐怕就是學校教育。

諸如「正確解讀作者想表達的意思」、「從既定選項中挑選主角的心境」等，在我們接受這類教育的過程中，漸漸被深植了「所謂閱讀，就是得一字一句地正確理解作者的意圖，然後複寫於腦海中」的不成文觀念。

因某種契機而擺脫魔咒的人（或一開始就擺脫魔咒的人），往往以極不認真、便宜行事的心態閱讀書籍。

相對於此，深受熟讀魔咒束縛的人，簡直就像把老師的講解或黑板內容逐一抄寫於筆記本上的學生一般，打算將書中的內容一股腦兒地複印腦中。

不過，這番努力能否得到回報？

針對閱讀，是否看得太嚴肅，也顧慮太多了？

更何況現今的時代，媒體型態已發生劇變，而我們的「閱讀方式」、「聆聽方式」也有所變化。明明已經習慣於網路新聞與社群訊息那種「隨便讀讀的方式」，要是只有閱讀書籍時仍想堅持以往的模式，豈不是太為難自己了？

我有點擔心「面對書籍時心態愈認真的人，今後恐怕變得愈不會閱讀」。

解決現代人的囤書煩惱：「不收藏」閱讀法

針對於此，我於本書提倡的方法就是「**瀏覽式閱讀**」（flow reading）。

「flow」即為「流動」的意思。簡單來說，所謂瀏覽式閱讀，就是「讓書中的內容『流動』於自己體內，並從中找出核心價值的閱讀法」。

至於與此對照的閱讀法，即為「儲存式」閱讀法。這是比較偏重將書中的內容「儲藏」腦中的既有閱讀方式（學過經濟或會計的人，應該很容易想像流動與儲存的對比關係吧？）。

在龐大資訊不斷湧入的時代中，瀏覽式閱讀正是最適於當代的「不收藏閱讀法」。本書將由技巧・習慣・環境打造等各個層面，講解力行瀏覽式閱讀的方法。

拋棄對於「儲存式閱讀」的堅持，邁向大量閱讀的生活吧

話雖如此，在這個階段依然主張「徹底吸收知識才算閱讀！」的人，應該還

切換為「不收藏閱讀法」吧！

是比較多吧。

其實，對於平時就有閱讀習慣，並從中學習到大量知識的人而言，或許本書提倡的方法助益不大。本書介紹的技巧能確實奏效的對象，並非那些「閱讀高手」。

有些人因執著於「收藏式閱讀」，而導致房間角落赫然出現堆積如山的「囤書」。還有些人就算在書店發現從未看過且想看的書，卻因顧慮「還有好多書沒看……」，而對於購買與否猶豫不決。

若對象為這些人，瀏覽式閱讀定能發揮極大的成效。要是心裡想著「非得細讀並『輸入腦中』才行，不過又覺得提不起勁耶」，那就趕緊讓書中的內容「流進」自己的腦袋，這點十分重要，因為有效活用書籍之道，正是打從這裡開始。

那麼，為了力行瀏覽式閱讀，該從何處著手呢？

下一章就來深入探討吧。

第2章

為什麼沒時間閱讀？

——月讀二十本書的習慣養成法

讓月讀二十本書變成理所當然，迎向「大量閱讀節奏」的三大步驟

將閱讀排入「生活節奏」中

美國節奏藍調歌手歐莉塔・亞當斯（Oleta Adams）於一九九〇年推出的《Circle of One》專輯中，首支收錄歌曲為「Rhythm of Life」。這首歌旋律悠然，令人心曠神怡，為當時的暢銷單曲。歷經二十五年的現在，此曲依然是我非常喜愛的歌曲，不過坦白說，除了歌曲本身以外，同樣令我深愛不已的就是這首歌的

「曲名」。

由於意思為**「人生節奏」**、**「生活節奏」**，因此算是相當平淡無奇的曲名，不過當要做些什麼時（或要生存下去之時），「節奏」的確十分重要。而對於閱讀這種行為來說，「Rhythm of Life」的思維也具有極大的意涵。

說得極端一點，**所謂「明明想看書，卻遲遲無法看書」的人，就是無法成功將閱讀排入「生活節奏」中的人**。換言之，他們無法讓閱讀如同吃飯和睡覺一般，成為生活的一部分。

抑或是說，諸如健走、慢跑，以及其他嗜好等，明明都已習慣化成功，為什麼閱讀卻被當成「某種特別的事物」？

接下來將針對把閱讀變成「習慣」的相關思維，分成三個步驟進行說明。

閱讀習慣養成步驟①

力行「每日・定時」閱讀

首先確保閱讀時間的「範圍」

不光是閱讀，要讓某件事習慣化的絕招，就是**每日・定時執行**。

我想幾乎沒人有所謂「吃飯日和不吃飯日」之分（如果有人如此，建議立刻改進……）。同樣的道理，如果想要建立閱讀的節奏，首先就是不可「時有時無」。

這是自從我變成因書評人的「工作」而必須閱讀以來，深切體認到的心得。

此外，就算每天都有閱讀，安排於「相同時段」閱讀也十分重要。有一種名為**「晨間十分鐘閱讀」**的活動，多數中小學都有實施。雖然活動特色似乎為「只利用晨間十分鐘專心閱讀」、「可閱讀任何書籍」、「不以撰寫心得為目的」等，但我認為這是非常有意義的活動。

雖然活動是由學校主導，屬於強制參加，不過畢竟可看自己想看的書，因此學生們不僅能親身感受閱讀的樂趣，還能建立「閱讀的節奏」，屬於相當合情合理的活動。

更重要的是，將時間限制為「十分鐘」，應有其用意所在吧。雖然就閱讀書籍的時間來說，總覺得太短了點，不過正因為如此，才能更加激出「明天也想閱讀」的感覺。此外，就是因為「只有十分鐘」，所以能讓閱讀習慣化，亦即得以成為「Rhythm of Life」。

整合「時段．場景」，讓腦部誤以為是「習慣」

為了讓閱讀習慣化，**敲定時段**極其重要。諸如「開始工作前十分鐘」、「午餐後十分鐘」、「睡前十分鐘」等，可將閱讀時段排入自己的生活作息中，這正是邁向「Rhythm of Life」的第一步。

順帶一提，就我個人來說，我最建議的時段是可讓腦袋清醒的**晨間時段**。反觀晚上就寢前，由於常因酒醉或睏倦而導致生活節奏混亂，因此我認為這個時段並不容易讓閱讀習慣化（關於這個部分，將稍後再做說明）。

此外，幾乎同樣重要的則是**敲定閱讀的地點**、**場景**、**情境**。不只是敲定「自家的這個位置」、「這家咖啡廳的這個座位」、「上班前的辦公室」等地點而已，比方說「閱讀前先泡咖啡」、「放首喜愛的音樂」、「打開窗戶讓空氣流通」等，不妨連情境都嘗試一併整合吧。

閱讀習慣養成步驟②

選書以「能快速閱讀的書籍」為主

故事性的內容就算快速閱讀也毫無意義

前文曾提到「應該每天閱讀，不可時有時無」。

在此十分重要的是「該選什麼樣的書呢？」。如果希望讓閱讀習慣化，選書時不妨以**「能否快速閱讀」**為基準吧，而不是只考慮「是否想要閱讀」而已。

通常書籍可分成以下三類：

①不看也罷的書
②無須快速閱讀的書
③可快速閱讀的書

所謂「①不看也罷的書」，雖然這種說法對於那本書的作者而言相當失禮，不過意思並非此書毫無價值，而是「對自己來說，並非必要的書籍」。或許對於他人來說有其價值，但就是不適於自己。

閱讀不適於自己的書根本是浪費時間，因此沒有閱讀的必要。

雖然本書的對象書籍是「③可快速閱讀的書」，但事實上還存在所謂「②無須快速閱讀的書」，而這類的書又可分成兩種。

一種是猶如小說一般「具有故事性的內容」，諸如散文、漫畫、繪本等應該都屬此類。由於小說屬於情節中帶有重要含意的讀物，因此不能跳著看。此外，如同鮮少有人打算以快轉方式欣賞電影一般，快馬加鞭地翻閱漫畫或繪本的人應該也寥寥可數吧。

因此對於我們這種慢讀者而言，閱讀這類的書籍時，勢必得花費相當多的時間。

以書評人身分閱讀的書籍中，有九成為「可快速閱讀的書」

至於另一種「無須快速閱讀的書」，雖然說起來未必值得，但這就是自己想要放慢速度來看的書。

以我個人來說，這種書以翻譯版的書籍居多，尤其是那種內容架構紮實到難以只挑部分來看，而且總令人愈來愈期待翻開下一頁的厚重書籍。要是一味地閱讀這種書，將變得無法工作，不過大約每讀一百本書，就會邂逅一本這樣的書籍。

相對於此，「可快速閱讀的書」則是貫穿全文的「線性」要素較少，而且**無**

論從何處開始閱讀都能找出相應價值的「切入點」較多，這也是此類書籍的最大特徵所在。

這兩種「無須快速閱讀的書」，我也是看得非常慢，但在此我想聲明的是，**這類的書真的不多。**

以我個人為例，月讀大約六十本的書籍中，頂多兩三本屬於「無須快速閱讀的書」，就比例來說，不到全部的百分之五吧。換言之，身為書評人的我所閱讀的書籍中，超過九成都是「可快速閱讀的書」。

充實的大量閱讀生活，關鍵就在「九一法則」

要讓閱讀習慣化，重點在於**大量閱讀「可快速閱讀的書」**。

不只是想要慢慢閱讀的書而已，凡是能快速讀完的書籍，也儘量加入自己的閱讀清單中。透過著手建構陸續閱讀各類書籍的環境，將可營造出「向前邁進的感覺」。看完的書與日俱增的感受，正可激發出培養閱讀習慣時不可或缺的鬥志。

原則上，分配比例為**「可快速閱讀的書」占九成，「無須快速閱讀的書」占一成**。挑選閱讀的書籍時，請務必將「九一」比例牢記在心。

此外，**同時閱讀多本書籍**也有不錯的效果。閱讀「無須快速閱讀的書」之時，也要同時備妥「可快速閱讀的書」。

打個比方來說，假設閱讀時間設定為六十分鐘，那麼前三十分鐘就分配給慢慢閱讀的書，剩餘的三十分鐘則分配給快速閱讀的書。一旦以這種方式一邊分配時間，一邊同時閱讀多本書籍，便能針對不同類型的書各自全神貫注，閱讀起來將變得更加輕鬆，因此請各位務必試著力行看看。

閱讀習慣養成步驟③

總是閱讀「與昨天不同的書」

為什麼公事包裡一直放著同一本書？

是否有人「同一本書只看到一半就一直放在公事包裡好幾天」（搞不好還放上好幾個禮拜）？

有時心想「有空就來看一下吧」，但不覺間便用手機看起新聞；有時則是想著「來看吧！」而翻開了書，但看到一半便打起瞌睡，毫無閱讀進度。換言之就是「囤書於公事包內」的狀態。

這是「希望養成閱讀習慣卻無法成功之人」的共同特徵。針對放在公事包裡的「囤書」，一直感到耿耿於懷的人，對於閱讀的逃避心理將愈來愈強烈。

為了能享受閱讀，原則上**極不樂見「光看一本書就超過十天的狀況」**。如同前文所言，有些書雖花點時間閱讀也無妨，不過此時務必另外準備「可快速閱讀的書」，然後就一併展開閱讀吧。

畢竟，就算是想要「慢慢閱讀」的有趣書籍，一旦花上十天閱讀後，勢必會「膩了起來」。為了讓閱讀習慣化，令人永不嫌膩的機制也絕不可少。

就算拿到再美味的白米，要是好幾個月光吃白飯的話，應該十分痛苦吧。不如準備一些當天便能吃完的食材，搭配白飯一起享用，這樣的飲食也比較營養美味。培養閱讀習慣時也是如此。

一旦落實「一天讀完一本書」，將能理解至深

如果可能的話，**「一天讀完一本書」是最理想的狀況**。打造成每天都有不同書籍流經自己體內的狀態，正是瀏覽式閱讀的基本之道。以我自身為例，凡是撰寫書評的書籍，我要求自己必定一天讀完一本，絕不「拖延」到隔天。

基於此故，或許一開始先分配時段，然後再全心專注於那個時段得以玩味的價值，會是比較好的做法。深受「熟讀魔咒」束縛的人，請務必試著思考**「與其花十天拖拖拉拉地看，不如花六十分鐘一目十行地閱讀」**，按理來說，閱讀體會的質感將可大幅提升。

雖然瀏覽式閱讀原本的目的並不在於「知識的學習」，不過就學習的觀點而言，花費數日拖拖拉拉地閱讀書籍也是缺乏效率。當我的閱讀量高達年讀七百本

以上時，我意外地發現**花一小時快速閱讀，較能牢記更多書中的重點**。

相對於此，口中念念有詞地花了大約一個月終於看完的書，是不是反而覺得「結果書中到底寫了些什麼啊？」

其間的差異究竟從何而來呢？

我認為是「閱讀密度的不同」與「整體觀點的有無」。歷經長期間的熟讀，不僅平均單位時間的閱讀密度偏低，也不易看清書籍的全貌，因此只能帶來相當「淡薄」的閱讀體會。

這種狀況十分類似以超慢速度播放音樂時，最後將無法辨識曲目為何。猶如每首歌曲皆有其固定的節拍一般，每本書也理當以各自適合的速度進行閱讀。

以閱讀習慣建立的全新生活作息

「夜間閱讀」不易習慣化

第五十一頁曾談到「晨間十分鐘閱讀」的活動安排，**閱讀的黃金時段果然還是「早晨」**。

雖然我說得如此冠冕堂皇，其實直到十年前，我自己也是典型的「夜貓族」。現在回想起來，那不過是自己的主觀意識作祟，由於當時覺得晚上頭腦較清晰，所以自然而然地拖到深夜才如火如荼地展開工作。

此外，每當有工作大功告成，我總會小酌一番，因此往往又冒出無謂的幹勁，突然就看起書來。然而這時我已酩酊大醉，所以就一邊打瞌睡一邊閱讀。在這種狀態下，根本不可能認真咀嚼消化書中的內容，結果只是徒然浪費時間而已。

雖然這般自甘墮落的閱讀方式維持了許久，但某天我不知何故早早就寢，隔天很早便起床。結果，當我順便試試一早就開始工作，我有了驚人的發現，那就是效率簡直好得離譜。

打從那天起，我的作息完全轉換為「早鳥型」。晚上盡可能早早就寢，然後隔天早早起床，從早上七點便開始閱讀和工作。坦白說，我很想對過去的自己狠狠教訓一番。

活用iPhone保證沒錯！超專注的醒後即時「臥床閱讀」

如果希望自己能步上前文所述「每日．定時閱讀」的軌道，首先建議利用早晨的時段，尤其以**「醒後即時」**最佳。一覺醒來後先不要起身，而是繼續臥床閱讀十分鐘就好。如此一來，光是這個動作就能讓腦袋完全清醒。

至於更積極的做法，則是費點工夫設定iPhone的鬧鐘。

如果打算早上七點起床閱讀，那就將鬧鐘時間設定如下：

- 六點四十九分　鬧鐘鈴聲　↓　開始閱讀
- 六點五十分　喜好的音樂（閱讀用背景音樂）　↓　一邊聽音樂一邊閱讀
- 七點整　鬧鐘鈴聲　↓　停止閱讀，起身下床或許有人覺得十分鐘似乎太短，不過一開始先如此切割時間，專注力較能提升。

反之，要是貿然下定決心「每天早上閱讀一小時」，將會相當辛苦。姑且先每天早上十分鐘就好，請務必堅持這樣的習慣，直到「每天閱讀」變成「日常作息」為止。

就深受「熟讀魔咒」束縛的人眼裡看來，或許會覺得「躺在床上看書，簡直太胡來了！」但反過來說，為了解除那棘手的魔咒，以剛睡醒的腦袋臥床閱讀的做法，效果更加顯著。

早上容易賴床，遲遲醒不過來的人，同樣只要養成**「醒後即時十分鐘閱讀」**的習慣，就能在剛睡醒最痛苦的十分鐘內清醒過來，然後一鼓作氣地起身下床，真可謂一石二鳥之計。請務必當作改變生活作息的第一步，讓自己實踐看看。

針對屬於本書核心的「瀏覽式閱讀」相關思維，姑且說明至此，不過想必不少人感想如下：

「所謂『猶如聽音樂似地閱讀書籍』，最後難道不會忘得一乾二淨，沒留下半點記憶？」

「就算被告知『不收藏』的心態相當重要，但既然讀了書，要是沒有任何『收穫』，豈不是毫無意義？」

請各位放心。

瀏覽式閱讀也完全顧及到這些疑慮。

下一章便來針對這個部分進行探討吧。

第3章

為什麼就算讀過還是忘記？

——儲存閱讀體會的絕招

閱讀屬於呼吸作用。遲遲不會閱讀的真正原因

「光是吸氣．讀取」當然會透不過氣來

身為生物的我們會進行呼吸。

吸入空氣中的氧氣，同時呼出積存體內的二氧化碳。只要活在世上，就會一再反覆「吸氣」與「吐氣」。還有一種說法為人類一生當中，呼吸次數達六到七億次。

如果延長吸氣或吐氣，將會感到難受。換言之，正因為有「吸氣」的過程，

所以必須「吐氣」；因為施行了「吐氣」的動作，所以還要再次「吸氣」。唯有兩者同時運作，才算構成呼吸的節奏。

雖然大家早就知道上述原理，但這個原理相當重要，不是嗎？

至於為何要提及這個原理，是因為閱讀也可謂如此。**「吸入」空氣與「閱讀」書籍，其實極為類似。**

換句話說，如果只是不斷地閱讀，就如同持續吸氣的苦行一般。

話說回來，由於現在往往會由智慧型手機或電腦湧入龐大的文字資訊，因此搞不好大家正處於「無法再繼續吸氣的狀態」。

平常接收的資訊量突然暴增的結果，想必「變成不會閱讀」或「變成慢讀者」的人應該不少。

只有書評人才知道的唯一高招

那麼究竟該怎麼做才好，答案非常簡單，就是如果因過度吸氣而感到難受的話，則只要吐氣即可。同樣的道理，並非只是一味地「閱讀」，而是要「寫出來」。換言之就是得轉念成並非只是純粹閱讀，而是**「為了寫而讀」**。

過度大驚小怪地看待閱讀，深受「熟讀魔咒」束縛的人往往貪心無比，打算「只閱讀一次，就把書中內容複印到腦袋裡」。

透過閱讀獲取知識倒也無可厚非，不過在這個資訊如洪流一般的時代，想把一切都收藏於自己腦中，簡直是莫名其妙。

既然如此，不如一開始便捨棄「把資訊複寫於自己腦中」的念頭，改以「不妨另外寫出來」的心態來面對書籍，或許還比較妥當吧？只要讓自己秉持「為了寫而讀」的念頭進行閱讀，就能一掃「為了熟記而讀」的麻煩刻板觀念，閱讀將

「光是閱讀」將相當難受……

同時搭配「寫」的
呼吸閱讀法

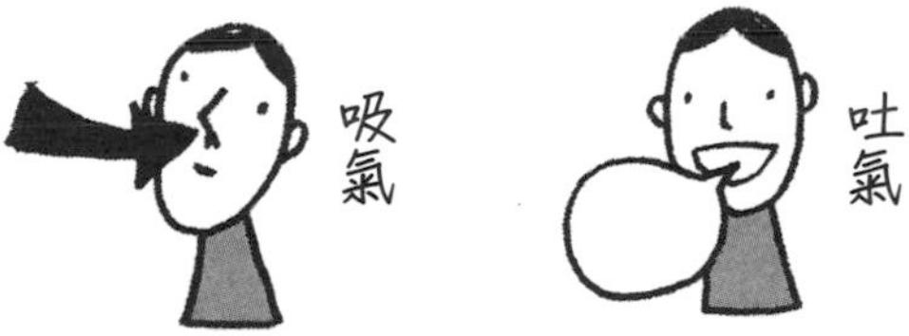

彷彿呼吸一般

閱讀後寫出來

變得極為輕鬆。

或許本來就是如此，不過我之所以發現這個事實，是因為我開始從事書評人的工作之故。

以我的狀況為例，由於有個先決要件是「無論如何都得撰寫書評」，因此不得已只好「為了寫而讀」。其實，**自從每天都得撰寫書評後，閱讀對我造成的負擔小了許多。**

不過，應該有人覺得「就算被要求『寫出來』，究竟該寫什麼好呢？」

「我本來就不擅長寫作……」

「我以前最討厭寫暑假讀書心得了。」

相信也有如此想法的人，不過這並非難事，請各位大可放心！

去除多餘閱讀最有效的方法

自從負責書評專欄後，變得會閱讀

提供生活上有用資訊的網站《生活駭客》的時任總編輯問我「要不要嘗試撰寫書評？」是在二〇一二年夏天左右。

前文已經提過，我是一邊心裡直冒冷汗，一邊接下這份工作的，而原因即為我是個能以「超級」來形容的慢讀者，不過並不只是如此而已。

畢竟我壓根沒想到，自己竟要撰寫書評。雖然我原本就十分熱愛閱讀，不過要我根據閱讀體會撰寫文章的工作究竟是怎麼一回事，我並不是很有概念。說到針對書籍寫出文章，大概就像撰寫暑假作業的「讀書心得」一般，印象中並不太好。

更別說我當時的狀況是連《生活駭客》的讀者所求為何，對什麼樣的書有興趣都搞不清楚，因此那時候真的是每天都在摸索。

然而開始撰寫後，大約過了半年，漸漸出現些微的變化。書評貼文的臉書連結被按「讚！」的次數增加，而且在推特上被轉貼的頻度也變多了。

由於按「讚！」和轉貼也有可能於極小的社群中擴散開來，因此我認為不宜過度相信，但畢竟在真實世界中，諸如「我看過書評了喲」、「我買了那本書喲」等的留言次數也陸續增加，所以我漸漸覺得「自己的書評獲得肯定了吧？」

更令我開心的是，有好幾家出版社陸續表示每當我的書評一發表，那本書在亞馬遜（Amazon）的排名便會突飛猛進（有時還會銷售一空）。當然從數據就知道效果如何，但出版社的說法的確讓我充滿幹勁，自信心大增。

我的書評與他人「不同」之處

後來，就在一片驚呼聲中，刊載本人書評的媒體與日俱增，就目前來說，諸如《新聞週刊日文版》、《WANI BOOKS旗下的《WANI BOOKOUT》、蒐集數字相關資訊的《Suzie》等，也是我發表書評的平台。現在我一年撰寫超過七百本書的書評，日復一日地反覆「讀、寫、讀、寫」。

我的書評之所以能多少博得好評，可能是因為和刊載於報章雜誌的書評相比，我的書評採用了「稍微不同的模式」所致。

那就是我刻意加入大量的**「摘引」**。

我之所以採用有別於報章雜誌書評的撰寫方式，當然有明確的理由，重點就是我寫的書評，多半以刊登於網路的新聞媒體為目的。換言之，舉凡讀者、閱讀環境、閱讀花費的時間等，都與平面媒體截然不同。

平面媒體刊登的書評，通常以內含書評人的主觀意見及主張為前提。書評人將得自於書中的感想表達出來，而讀者則憑此感覺「很想讀讀看這本書」，這就是平面媒體所載書評的基本價值。

相對於此，網路媒體在「本質」上就有所不同。若說得極端一點，針對刊登於網路新聞媒體的書評，讀者期待的並非書評人的主觀意見，而是「資訊・新聞」。換句話說，「閱讀那篇文章（書評）能得到多少幫助」才是最重要的價值基準。

此外，網路貼文多半於通勤時以智慧型手機瀏覽，或是開始工作前於辦公室以電腦閱讀，屬於短時間看完的資訊。此時，為了讓讀者感覺「超有幫助」，我認為以簡短幾句表現書籍內容的「摘引」，應該效果最棒。

快速．深入的閱讀始於「摘引」

這裡所謂的摘引，即指僅截取書中「耐人尋味之處」的文章。從摘引當中，將產生兩種價值。

誠如前文所述，一是「資訊」的價值。閱讀本人書評的讀者無須在意「這是書籍作者的主張嗎？還是書評人的意見？」由於我已簡短扼要地掌握到那本書的精華，因此可於日常閒聊時稍微拿來討論，或當作前往書店選購書籍時的參考。我認為以摘引為主的書評，應是網路時代最適切的撰寫方式。

至於另一種價值，則是對於我個人，亦即「閱讀書籍者」的價值。透過引用書中的內容，**自己被那本書的何處感動，對於哪一段文章感興趣，都變得清晰可見。**

比起「仔細閱讀」，謄寫文章不僅較能確實玩味摘引的部分，而且應該也不易淡忘。更進一步來說，**正因有謄寫起來，所以忘了也沒關係。**

閱讀呼吸法步驟①

只摘錄書籍引人入勝之處的「單句取樣」

感興趣的部分切勿熟記，而是謄寫

所謂「閱讀書籍時，並非只是閱讀，而應刻意『寫出來』」，正是這個意思。換言之，自認屬於慢讀者的人，建議務必一邊寫出「摘引」，一邊閱讀書籍。

將看過的文章注入腦中的同時，也在腦外進行「謄寫」的動作，其重要性毋庸置疑。並非單靠視覺接收資訊，而是經過親手重整資訊的過程，如此一來，將可獲得更勝單純瀏覽及乏味熟讀的深刻閱讀效果。

曾有人問我：「應該一邊閱讀一邊摘引？還是全部看完後再一併摘引？」我認為兩者皆可。

只不過看完後才一併摘引的人，必須牢記．記錄打算摘引的部分。如果事後還得浪費時間回頭尋找想要摘引的詞句，就算刻意加速閱讀也毫無意義，**因此我通常是一邊閱讀，一邊把自己感興趣的部分陸續謄寫起來。**

請準備Ａ４白紙，一一謄寫自己感興趣的部分。如果遇到令你感覺「這段不想忘記耶」的部分，便於每句的開頭註明「頁數」，然後陸續把內文謄寫起來。此外，摘引時並非「整段謄寫」，篇幅儘量簡短一些，最好能濃縮於幾行之內。

我將這個動作命名為**「單句取樣」**。

僅截取「耐人尋味之處」

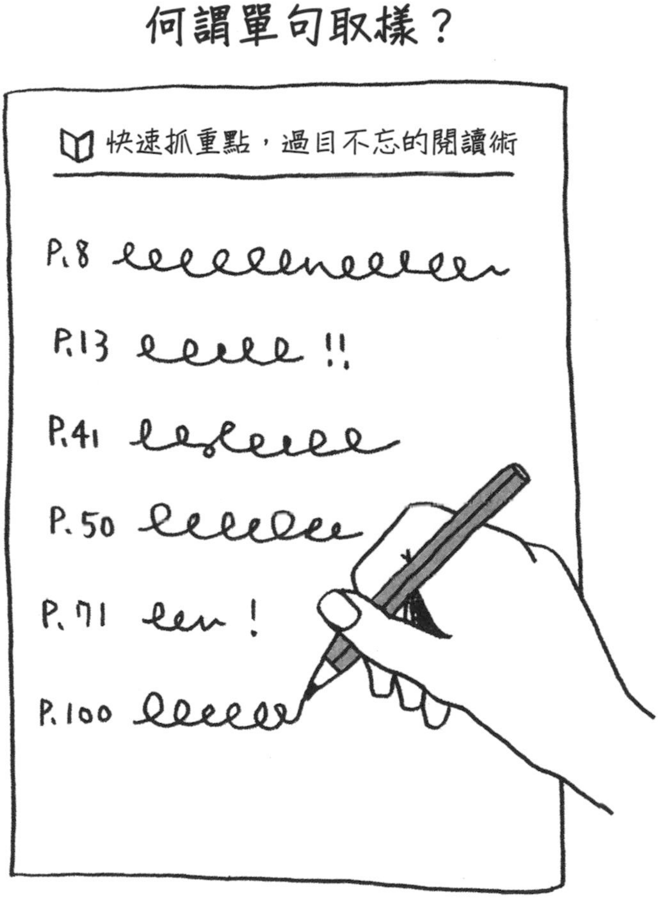

凡是熟悉嘻哈、節奏藍調、電子音樂的人應該相當清楚，這些音樂類型常會把老歌的局部片段（音樂取樣）重新加以組合，然後創作出新的樂曲。我覺得一邊閱讀書籍，一邊寫出簡短的摘引，正與音樂取樣（片段組合）的做法極為接近。

於A4白紙寫出整本書的「摘要集」

看完整本書後寫出的摘引清單，就是「閱讀此書後，自己所有的吸收和抒發」。

我個人也是一旦閱讀書籍，便會列出謄寫了大量內容的清單。不過，當我撰寫書評時，這份摘引未必全數運用得上。

其實，在我撰寫的書評中，我所謄寫的文句幾乎全軍覆沒，因為我只採用經我嚴格篩選的摘引。

話雖如此，就算摘引的內容沒被我納入書評中，卻也間接表達了我的閱讀體會。畢竟經過所謂謄寫的動作，讓我更能清楚看透作者的想法及主張。

看完整本書後，**務必針對這份摘引仔細重讀看看。**

這份清單就好像在一張音樂專輯中，專挑令自己感動的部分組合而成的「重新混音版」。藉由這份摘引，將可讓閱讀的樂趣進一步倍增。

閱讀呼吸法步驟②

選出絕頂好句的「單句選粹」

閱讀之神藏在「唯獨一句」中

我在WANI BOOKS的《WANI BOOKOUT》網站中，有個名為「神就藏在一句話裡」的連載專欄。當中的內容為每次由一本選讀書籍中，篩選出令我印象深刻的唯一一句。雖然每本書必有令我印象深刻的部分，但在這個專欄中，我會精選出對我的感覺有某種刺激的一句話。

身為文字工作者，這個專欄之所以讓我感到躍躍欲試，是因為我從中重新體認到「邂逅『一句話』的美好」。要是每天因工作不斷閱讀，有時會在不知不覺中忘了閱讀的價值。

然而所謂書籍的精髓，正是翩然邂逅的「那一句」，不是嗎？

而且有趣的是，這種「動人心弦的部分」，還會因人而異。只要作者的心思和讀者的喜好互相吻合，有時作者萬萬意想不到之處，也能讓讀者感動不已。

所謂「著作乃一人獨行」，就是指這種狀況，不過也正因如此，和「那一句」的邂逅，才更令人喜出望外。

如果大家一邊閱讀，一邊列出摘引清單，同時看完整本書後又回頭瀏覽清單的話，最後不妨從中**挑出唯獨一句的「自選最佳摘引」**吧。

這句摘引可說是「自己閱讀這本書所體會到的價值，全都凝縮於此句當中」。

從單句取樣清單中選出你認為「就是這句！」的一句摘引，然後加註記號，而這句摘引即稱為**「單句選粹」**。

相較於「測量」，閱讀更像「尋寶」

一邊留意「具有價值的一句」一邊閱讀，也能有效地徹底清除對於閱讀的負面感受。

針對閱讀之所以感覺「麻煩」、「痛苦」，全是因為主觀認定「必須一行不漏地閱讀書中的內容，並加以玩味體會，否則不算『讀過』」。我想這樣的人恐怕已把閱讀當成差事看待了。

不過，**如果變成一邊尋覓「一句話」，一邊進行閱讀的話，其中只剩探險的感覺。**

如果各位是尋寶家，專門尋找藏於無人島的寶藏，是否會刻意踏遍島上所有座標？我想應該不會如此白費力氣。

大家勢必會運用各種手段，盡可能以最短最近的路線找到寶藏。找到寶藏前的過程也是樂趣的一部分，因此絲毫不覺得痛苦。

總而言之，雖然書籍的內容也不容小覷，不過閱讀的重要性，應是由閱讀的過程中，找到一些小小的樂趣。

如果能讓自己的感覺變成「一翻開書就好開心」，那麼從中脫離慢讀狀態的可能性，將大幅增加。

閱讀呼吸法步驟③

重新想起重要部分的「單句感評」

儲存被那句話感動的「理由」

前文已說明過把閱讀當成呼吸時，不能光是讀（吸氣），寫（吐氣）也很重要。此外，力行「當成呼吸的閱讀」時，任誰都會的簡單「吐氣」動作就是「摘引」。

身為每天在網路上撰寫書評的人，其實，我很想進一步給大家一個建議。

那就是**「單句感評」**。如同字面意義，就是要養成撰寫「一句感評（感想）」的習慣。

「光閱讀就很辛苦了，為什麼還得寫出感評？」

或許有人心裡這麼想，不過如果希望盡可能縮短閱讀時間，同時從中成功篩選出必要的資訊，這可是相當有效的手段。

話雖如此，但其實只是針對前述的「單句選粹」，以**「為何被這句話感動？」**的觀點，言簡意賅地寫出個人想法而已。

剛看完書後，當然記得「為何認為此處寫得很棒？」但過了一些時日後，打動內心的理由將漸漸淡忘。如此一來，摘引的意義也隨之蕩然無存。為了避免這種狀況發生，務必把感動的「理由」也一併記下來。

光憑「一句感想」，就能喚回「整本書的記憶」

如同前文所述，絕不可能把書中所寫的內容全部熟記起來。

此外，就算以螢光筆或鉛筆劃線，效果也不如預期。我通常會摺起頁角，或貼上便利貼，但最後多半想不起來「基於何故而摺起頁邊」，因此這些方法也沒有多好。

不過，如果是「單句感評」，由於字數有限，事後只要乍看一眼，就能喚回「閱讀當時的心境」。

請準備不同於抄錄單句取樣的筆記本或記事本，寫上日期、書名、作者姓名後，先謄寫單句選粹，然後在下面寫出三十到四十字左右的單句感評吧。

或許有人認為「若沒寫出長篇大論且內容精闢的感評，豈不是毫無意義？」不過由於各位今後將脫離慢讀者的行列，開始閱讀大量書籍，因此感評只寫一句也無所謂。

一旦以每日一書的步調閱讀，一年後光是感評就超過三百句。為了方便事後回溯，摘引及感評最好各自精簡彙整成一句，如此一來，重現記憶的效果也會變得更好。

閱讀呼吸法步驟④

自我評價閱讀的成果

閱讀十二本書的過程中，漸漸了解自我

以這種方式累積起來的單句感評，由於各為針對不同書籍的感想，因此每個句子彼此並不連貫。

然而，畢竟這些是各位憑「個人感性」挑選的書籍，理應從中產生某種故事。就算把這些句子當成重新確認歷史選書的索引，這也是無可取代的重要記錄。

為了再次確認陸續累積的閱讀實績，**不妨只要儲存了十二本書的感評，便定期回頭重讀摘引和感想**吧。

此外，回溯感評之時，請試著採用以下觀點：

- 自己比較容易受到哪類書籍的刺激？
- 自己偏好什麼樣的思維？
- 自己今後想閱讀哪一類的書籍？

一旦以此看透自己的閱讀傾向後，不僅能認清「下一本應讀書籍」的方向性，還具有得以再次確認自身思維等的好處。

最棒的是，由於這項作業既單純又有趣，結果就是：閱讀習慣將變得容易持之以恆。

挑選「最棒的一本書」，評價最近一次的閱讀體會

最後要請各位做的就是**從這十二本書當中，選出可謂「最棒」的一本**。換言之，這本書就是自己最近閱讀的書籍當中，可謂「最出色的一本書」。到了當年年底，不妨再從中選出一本「上上之作」吧。

要讓閱讀習慣化，重點就是勿忘自己於閱讀時的那份感動。各位不妨將定期盤點自身愛書的作業，一併納入閱讀習慣中。

「哇……這本書真是太棒了」，如此反覆回味的過程中，自己的閱讀歷程將串連成一個故事，成為難能可貴的體驗。

單句感評累積到十二本書了……

①於A5筆記本陸續寫下：

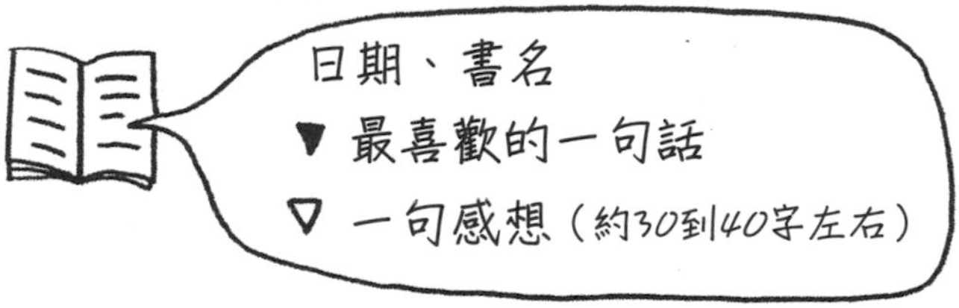

②一頁約寫六本書，跨頁共寫十二本書之後……

③選出最棒的一本書

★加註星號

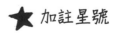

讓摘引效果倍增的「手寫」魔法為何？

為什麼「手寫摘引」能看出「本質」？

當我撰寫書評時，通常是以電腦打字方式，將單句取樣的摘引清單彙整於文字檔中，而非採用手寫方式。就我個人的狀況來說，由於摘引的文字將用於書評中，因此一開始就做成電子檔的話比較方便。

相對於此，針對各位讀者，我則建議**親手寫在「紙本」上**。或許大家覺得麻煩，但我的理由有三：

理由① 可深入理解內容

其中一個理由是藉由動手謄寫，便有時間細細玩味作者的遣詞用字。不過，這可能因人或世代而異。

理由② 變成只摘引必要的部分

更重要的是以下兩個理由。第二個理由是正因為覺得麻煩，所以變成「只謄寫真正想要謄寫的部分」。

若為敲鍵盤，有些人或許能以極短的時間謄寫大量文字。藉由刻意親手謄寫，將可製造契機以思考「這句需要特別謄寫起來嗎？」。

一旦靠電腦打字，就會不禁想要「照單全收」地進行摘引，最後清單的內容恐怕過量。透過親手謄寫，便可控制自己只摘引「真正感動的部分」。

理由③ 成果將具體可見

最後一個理由，即為手寫和紙本特有的「具體性」。為了讓閱讀習慣化，眼見謄寫單句取樣的紙張，以及謄寫單句感評的筆記本逐漸增加的成就感絕不可缺。

針對於此，還是以紙本的方式，比較容易親眼確認成果。基於此故，我建議頭一次力行瀏覽式閱讀的人，務必以手寫方式進行嘗試。

讓閱讀狀況「具體可見」的A5筆記本感評法

關於筆類，只要自己覺得好寫的筆就可以，不過我個人比較偏好寫起來感覺滑順的筆。如果十分重視書寫程度，我推薦三菱鉛筆的「uni-ball Signo」鋼珠筆系列（款式設計很普通就是了）。

至於謄寫單句取樣的紙張，可用一般的A4影印紙。

此外，儲存單句選粹和單句感評的筆記本或記事本，就依個人的喜好選用。

這幾年來，我一直使用的是品名為「DISCOVER DIARY」（Discover 21）的記事本。這是一本設想非常周全且極為好用的日誌，尤其令我滿意的是尺寸為A5大小，感覺相當大本。陸續儲存感評時，建議採用尺寸較大的記事本或筆記本。

為何「一邊謄寫」，可讓閱讀變得快速．深入？

「不持有時代」的閱讀法

據說世間對於「擁有」的價值觀已劇烈改變，盡可能減少自身所有物品的生活形態漸漸被大力提倡。

其中最容易理解的就是轎車吧。若是以前，任誰都曾擁有過需要高額維修費和停車場費的轎車。

然而，現今名下沒車的人數漸增，而且以年輕人居多。他們的想法是，由於只有週末需要用車，因此只要有得以暫時「使用」轎車的資源環境（轎車租賃或轎車共享）便已足夠，也有人把這種狀況稱為**「由持有切換為使用」**。

我認為「將書中的內容全數納為己有」的思維，就是這種老派「持有」概念的延伸。

在這個資源充斥的世間，人們的價值觀已漸漸背離「持有」。同樣的道理，在各種網路媒體滲透，資訊過剩的狀況下，想要擁有全部資訊根本毫無可能。

無論書籍或知識，只留下真正應該保留手邊的部分，其他則一概不予收藏，這樣的做法，已變成理所當然之事。

換言之，根據必要與否來加以區分的「取捨抉擇」，具有相當重要的意義。這不僅符合現代趨勢，也正因如此，讀者於閱讀時，應該光看「必要的部分」就行了。

如何讓取捨抉擇的效率急速提升？

一旦變成以「謄寫」（摘引）為前提進行閱讀，除了不會再受熟讀束縛，還能得到另一個難能可貴的好處，那就是可以掌握到閱讀時的「著眼點」。

其實當我閱讀撰寫書評用的書籍時，我一定會留意「哪個部分可用來撰寫書評呢？」

藉由擬定「著眼點」，將可建立區分「重要部分／非重要部分」的基準。

只要釐清「非重要部分」，就會大略瀏覽這個部分（或是省略不看），因此閱讀一本書的速度，當然能加快許多。

前文已針對閱讀時的心態、讓閱讀習慣化的方法，以及看完書之後該做的事加以說明。

或許有人心想「別扯這麼多了，快教我們『快速閱讀的技巧』啦！」但是只要讓自己具備前述思維與習慣，便幾乎打好了快速閱讀的「基礎」。

話雖如此，為求快速閱讀，若說與技巧完全無關，那是絕無可能，其中的確存在一些訣竅。

接著在下一章中，將針對瀏覽式閱讀的技巧面，做進一步的說明。

第4章

瀏覽亦有其法則

——不會錯失要點的「搜尋式閱讀法」

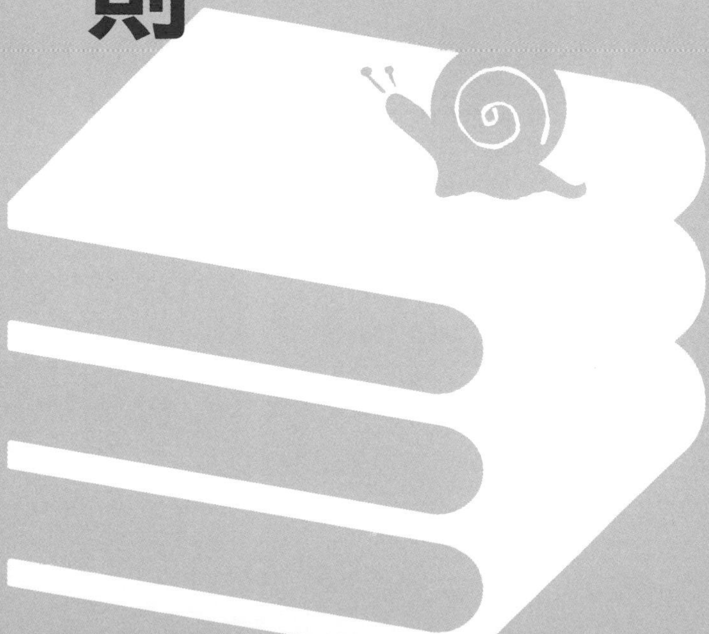

能一目十行的人，究竟是閱讀書的「哪裡」？

若要省略不看，則以「小標題」為單元

前章最後提到的「省略不看」，為進行快速閱讀時的重點所在。雖然可用的方法也不少，但首先根據能否活用「小標題」，結果將截然不同。話雖如此，其實只是**查看小標題，然後判斷「是否為應該閱讀的部分」**而已。

說起來相當簡單，不過其實這個動作非常重要。

通常書籍的各個章節，多半會分成數個「標題」，有時每個標題段落，甚至還會進一步細分出「小標題」。

小標題就是把這一小段（單元）的內容明確表達出來的文字。由於個中目的就是為了讓讀者了解「這一小段寫的是這樣的內容」，因此看過小標題後，如果認為「沒必要看耶」或「不想看耶」，可毫不猶豫地省略不看。

「省略不看的話，會不會搞不清楚來龍去脈啊？」會有這種不安的感覺，我也能夠理解。

但就現實狀況而言，只要不是「必須熟讀的書」（見第五十四頁），不過是針對不需要的部分稍微省略不看而已，多半不會因此變得搞不清楚內容。

就算省略不看，也能看出「前因後果」

尤其商業書籍與新書等更是如此。

這當中有個小原因，那就是商業書籍和新書都刻意編輯成「得以短時間快速閱讀」。

只要確實掌握要點，這些要點將變成隱形線條相互串聯。比方說依照A……B……D……F的順序進行閱讀時，並不會因為省略不看C和E，就無法了解整本書的內容。

換言之，只要利用小標題針對「必要與否」做出取捨抉擇，就能以更短的時間篩出重點。徹底去除自己不需要的部分，架構出只呈現本質的狀態，這正是基本概念所在。

瀏覽的具體技巧

找出瀏覽部分的三種參考依據

那麼哪裡是可以省略不看的部分呢？

尋找「可以省略不看的部分」時，我通常會以後述三者為基本的參考依據。

在此分別說明如下。

參考依據① 為求商品差異化而被穿插其中的「作者自述」

商業與勵志書籍中，有時會內含過多的「作者自述」。個中原因並非只是作者的人格特質多半「愛現」，而是因為市場上主題或類型雷同的書籍太多，所以必須藉由作者自述來強調「本書的這個部分不同於其他書籍」。

問題是對於忙碌的讀者而言，這些內容未必是必要的資訊。打個比方來說，假設作者自述寫道「正因為我有這樣的過去，所以才會這樣思考」，如果讀者能從這段描述中獲取有益的資訊，那倒也無可厚非，不過根據我閱讀過大量商業與勵志書籍的經驗，我認為這樣的例子簡直少之又少。

其實這些作者自述，多半是**為了向讀者強調這本書和其他類似書籍有何不同，換言之就是「以推銷為目的的資訊」**。除此之外，也有一些純粹是作者為了滿足自己的「表現欲」而寫。

若打算縮短閱讀時間，這類「作者自述」，正是該積極跳過不看的部分。

不過，畢竟其中寫有「與其他書籍的差異重點」，因此從這層意義來說，在書店選購書籍時，這個部分倒可謂具有極大的參考價值。

參考依據② **證明理論或主張的「個別事例・經驗談」**

為了證明所闡述的理論或解說，商業與勵志書籍有時會引用真實事例或經驗談等。

一般而言，撰寫的順序為「理論」→「事例」→「（理論）彙整」吧。首先提出架構，然後列舉實例加以補強，最後再次彙整屬於要點的理論或主張。

如果是這樣的話，**就算省略事例，只看「彙整」部分，應該也能充分理解書中內容**。由於經驗談屬於為了表達主張而準備的說服材料，因此就算跳過不看，仍然能了解作者想要表達的意思。要是事例或經驗談等寫得太長，我也會一一跳過地閱讀下去。

不過，請大家千萬不要誤解，我的意思並非這類實例全都毫無價值。諸如事例這類經過彙整的內容，通常比較容易省略不看（就算省略不看，也很容易掌握前因後果），但個中內容並不是全部毫無價值可言。

畢竟若與小說之類相比，商業書籍當中的插曲故事，鮮少能耐人尋味且生動有趣，因此要是沒看事例也能理解主張大綱的話，我建議毫不猶豫地省略不看。

參考依據③ 煽動期待．危機心理的「誇張表達方式」

對於閱讀目的為從書中獲得啟發的人來說，為了煽動讀者情緒而寫的部分或許相當重要，但針對這個部分，我向來都只是大略瀏覽一下。

「讀完本書，你的人生將產生戲劇性的變化吧。」寫有這句話的書，多半不會讓你的人生產生戲劇性的變化。凡是說法極盡誇張之能事的書，我一概不予採信。

或許我一不小心摻入了過多個人意見，總之以上僅供參考。

快速化的四大步驟

說不定，我這本書也有許多「可以省略不看的部分」。

就作者而言，必定認為每個部分都有其必要性才會加以撰寫，因此憑良心說，我希望大家能從頭讀到尾。

不過，有件事可千萬別忘了，那就是**閱讀時「讀者」才是主角**。

無論閱讀什麼書籍，千萬不可認為「就算只有一句，也不能錯過任何金玉良言！」。務必以自我為本位，任性地享受閱讀。

接下來就按照實際閱讀的過程，為各位介紹加快閱讀速度的方法。進行步驟有四：

步驟① 仔細閱讀「前言・目次」
步驟② 只閱讀開頭和末尾五句
步驟③ 確定關鍵重點再閱讀
步驟④ 以兩種以上的閱讀節奏進行閱讀

上述步驟並非要求各位一開始就得全數力行。哪個步驟都無所謂，請務必參考嘗試看看。

追求快速閱讀的步驟①

閱讀速度的九成，取決於「一開始」的閱讀方式

可由「前言」判斷要讀得多快

一翻開書，最先映入眼簾的就是「前言（序文・序言）」和「目次」。

活用這兩個部分，甚至可說是讓閱讀過程輕鬆不費力的鐵則。

所謂「前言」就是寫出此書目的與綱要等的「導入部分」。就掌握體裁風格、訴求宗旨、整本書的節奏步調而言，這個部分的重要性相當關鍵。

我想大部分的人本來就已經這麼做，但我還是建議大家到書店買書前，不妨先瀏覽一下「前言」。亞馬遜的「試閱」頁面中，已開放預覽「前言」的書籍也不少。

畢竟這本書對自己而言是否必要，只要閱讀這個部分，大概就能判斷。若覺得「好像不是這本耶……」便放棄閱讀，反之，如果其中含有自己感興趣的部分，就算不多，也應該閱讀。

針對讀者通常會先試閱前言，其實作者也心裡有數。只要這個部分引人入勝，讀者的購買機率將大幅提升。基於此故，作者往往會於「前言」明確表達自己的想法，全力讓讀者產生「來看這本書吧！」的念頭。

「目次」值得熟讀

有時光看「前言」，依然無法做出判斷。就我個人的看法，所謂「有所猶豫」，正代表「並非毫無感興趣之處（仍有一些）」，因此還是建議「閱讀」。

話雖如此，之所以對於「看或不看」猶豫不決，可能是因為書中同時包含令人覺得「似乎不是很想看耶……」的段落或內容。只要跳過這些部分不看，閱讀起來便能更加輕鬆愉快。

這時候「目次」便可派上用場。由於目次正是用來判斷書籍架構的「地圖」，因此能從中推測判斷必須閱讀的部分。

此外，目次還有個好處，就是能判斷出整本書的來龍去脈。由於作者或編輯往往以自認為最適切的順序決定書籍的架構，因此光是掌握好這個來龍去脈，就能大有收穫。

「好書」的定義或許因人而異，不過「機能性優異的書」確實存在，而條件之一就是「目次的編排相當優異」。

各位是否曾邂逅僅閱讀目次，腦中便閃過種種資訊，令人興致勃勃的書？此時建議大家務必仔細「熟讀」這本書的目次。

追求快速閱讀的步驟②

為什麼光憑「這五句」，就能理解書中的內容？

只要掌握「標題架構」，就能決定「快速閱讀的單元」

要讓瀏覽的效果達到最大的重點，與「找出瀏覽部分的三種參考依據」（見第一〇九頁）當中的第二種也有所關聯，那就是巧妙活用正文的「架構」。

基本上書籍正文的架構如下：

- 章
- 節
- 項

並非所有書籍皆如此架構。有些書於章之上還分成「第一篇」和「第二篇」，也有些書根本沒有分「項」。

無論如何，開始閱讀正文之前，不妨先確認目次，或是快速翻閱整本書，檢視一下此書的架構為何吧。

完成架構的檢視後，接著再針對**「以什麼樣的單元閱讀此書」**（一個單元最好以二十頁左右為上限）做出決定。

若為架構同於本書的書籍，不妨以「節」的標題為段落單元進行閱讀。

若對於是否省略不看感覺猶豫，就只看「開頭和末尾五句」

接下來要做的事非常簡單。

那就是**只看每個單元的「開頭五句」和「末尾五句」**。就算只是機械化地進行這種閱讀方式，也能壓縮相當多的時間。每當「看了前言・目次，卻仍無法判斷何處重要」之時，請務必積極嘗試這個方法。

雖然書籍類型不同，情況也有所差異，不過我認為各位將會發現，就算採用這種完全缺了「中間部分」的閱讀方式，依然能充分「理解」書中的內容。之所以如此，推測原因有好幾個，但我個人認為最大的原因應為下述兩者。

其中一個原因是人腦實在不可思議，竟然會自動幫忙填補缺漏的部分。由A到C依序閱讀時，腦部會逕自預測「兩者之間應寫有諸如B的內容吧」。

不過畢竟是預測，當然也有出錯的可能，但我認為無需過度擔心。

此話怎講？其實這和第二個原因有關。

商業書籍與新書之類的解說性內容，或多或少皆以下述模式撰寫：

①開場　提出主題或主張
②中段　列舉闡釋主題的事例、證明主張的依據
③結尾　根據事例和依據，再次確認主題・主張

每個單元的開頭，多半會先宣告即將闡述的主題或主張，言簡意賅地表明「接下來將展開什麼話題」、「打算談論什麼」。所寫的篇幅有長有短，不過需要花時間閱讀的部分，大約五句左右吧。

「那麼，○○問題該如何解決？關於這個部分，雖然有幾種處理方式，但其中最常採用的方式為△△。」

假設單元的開頭如上，接下來則陸續列舉了導入「△△方式」的人物或企業等實例。

大部分的單元末尾，並不會直接結束於實例介紹，而會再次重申作者想要表達的看法。

「如上所述，有關這個問題的解決方式，舉凡A製造商、B零售商、C貨運商等各業界的龍頭，都是採用△△方式，不過這種現行方式，正確性究竟有多高？」

個中的重點即為就算中段插入的實例完全省略不看，依然能理解作者在此想表達的主張為「有關○○問題的解決方式，以△△方式最為普遍」。

此外，每個單元的最後，還備有前往下一個單元的「銜接」，因此只要直接轉移目光至下一個單元的開場，便能輕易掌握整本書的來龍去脈。

只是「依序閱讀」並非「正確的閱讀」

有時或許也會顯然前後無法銜接，此時請務必閱讀中段部分。

此外，藉由確認「開場」與「結尾」的各五句，將可判斷「對於自己而言，這個單元是否必要」。

閱讀前後各五句之後，如果感覺「這裡很重要耶」，便把這個單元仔細地從頭重看一遍，這正是瀏覽的第二種絕招。

嘗試不再依序閱讀

若以長頸鹿比喻書籍的一個單元……

雖然書籍的內容是以「線狀閱讀」為前提，但未必非得依此循著直線閱讀。

打算快速閱讀的人，閱讀順序並非「開場」↓「中段」↓「結尾」，而是「開場」↓「結尾」，如此不僅能省下對自己而言實屬浪費的閱讀時間，還可避免值得一讀的部分被自己省略掉的風險。

追求快速閱讀的步驟③

尋找「仔細閱讀部分」的簡單方法

只要「閱讀目的」明確，就能得心應手地進行瀏覽

「我十分明白閱讀的必要性，但如果眼前是厚達兩三百頁的書，往往心想『明天再看吧』，就此一拖再拖。」

應該也有心存如此煩惱的人吧？就連現在得每天閱讀並撰寫書評的我，以前也老是有這樣的感覺，因此我完全能體會這種心情。

自從閱讀成為我的工作之後，我才發覺**之所以無法輕鬆自在地翻開書籍、閱讀書籍，全是因為沒有下定決心「打算藉由閱讀這本書得到什麼收穫」**。尤其閱讀商業書籍之類時，這個決心具有莫大的意義。

「又還沒開始看，當然不知道『打算從這本書得到什麼收穫』啊。」

各位是這麼想的嗎？不過，明明不知道書中寫些什麼，為什麼大家想看那本書呢？

換言之，當我們拿起某本書時，勢必心存某種**「假說」**。說是假說恐怕稍嫌誇張，或許可形容為一種**「期待」**，心想「這本書應該是有關△△的內容吧，因此對自己來說，似乎頗有閱讀的價值」。

當我們搜尋某種事物之時，就是在「瀏覽」世界

我們平常總是諸如此般地進行「預測」。

打個比方來說，我是個唱片收藏家，經常上門光顧唱片行。雖然唱片行裡的唱片數量相當龐大，但我只要花十分鐘左右在店裡閒晃，隨便看看貨架上的唱片，便能以極高的命中率**邂逅**自己「想要的」唱片。

之所以說為「邂逅」，是因為事實上就是這樣的感覺，而且我絕對沒有一張一張地「查看」唱片名稱。其實，反而很像自己想找的唱片主動跑進視野。

我想說的不是「本人具有特異功能」，而是人類只要確定「搜尋目標」，即使資訊混亂，依然能輕易找出特定的資訊。反之，若遇上遍尋不著的狀況，則會認定與此目標「無緣」。畢竟所謂「**搜尋**」某種事物，就是這麼一回事。

翻開書之前，必須有所「目的」。因為已經確定想要查詢的字詞，所以我們才翻閱字典；因為想知道的資訊十分明確，所以我們才開啟谷歌（Google）進行搜尋。

同樣的道理，閱讀書籍時，切勿任自己心存「模糊的期待」，應該積極釐清「渴望獲得什麼」。

只有渴望獲得的資訊進入視野！「關鍵字搜尋閱讀法」

這時我想推薦一種最合理的方法——**「關鍵字搜尋法」**。換言之就是先確定不想錯過的「關鍵字」，然後一邊搜尋一邊瀏覽的方法。

決定了關鍵字的瞬間，書中的內容將出現「重要」及「非重要」的差別。凡是關聯性與關鍵字較淡的部分，一律快速瀏覽，至於含有關鍵字的部分則視為重點，進行「單句取樣」。

舉例來說，我於《生活駭客》二〇一五年十二月十日的書評貼文中，節錄了《零物欲世界（暫譯）》（作者：菅付雅信，出版：平凡社）一書的文章，這是對於高度關注今後生活型態的《生活駭客》讀者而言，我認為屬於有益的資訊。基於此故，我便一邊將幾個有關「生活型態」的字句當成關鍵字，一邊閱讀此書。

一旦一邊留意關鍵字，一邊翻閱書籍，相關的部分將一一映入眼簾。諸如書中提到目前很夯的第三波咖啡運動（third wave of coffee）咖啡館等內容，由於其中含有與生活型態相關的用字，因此只要稍微閱讀此部分的前後段落，自然就達成了閱讀此書的大部分「目的」（不過撰寫書評時，則得再多翻閱一下整本書）。

如果只閱讀包含關鍵字的部分卻不甚理解，建議由這個部分往前翻閱幾頁看看，或者稍加詳細檢視包含這個部分的段落，如此將可掌握大部分的內容。

就那些認定「必須仔細閱讀全部內容」，無法擺脫這種強迫觀念的人眼裡看來，或許這樣的閱讀方式相當不可思議。

凡是只要熟讀便能全數吸收的人，或是有很多時間慢慢閱讀的人，仍可採用向來的閱讀方式。

相對於此，老是歸咎於時間不足，為了翻開書籍的心理障礙變高而苦惱不已的人，請務必記住這種「關鍵字搜尋」的閱讀法，應能讓閱讀變得相當輕鬆容易。

追求快速閱讀的步驟④

一邊「變速」，一邊調整速度緩急

掌握感覺最舒適的閱讀節奏

最後要探討的內容比較著重於感覺，不過閱讀時的「節奏」，對於擺脫慢讀的瀏覽式閱讀而言也相當重要。

首先請於閱讀書籍時，找出自己最舒適（最容易閱讀）的某種節奏。由於這是根據平常閱讀累積的經驗自然得知的結果，因此無須想得太困難。或許每個人平常對閱讀節奏的留意程度有差，不過只要是閱讀量達到某種程度的人，理應有其固定的節奏，這就是各位的**「基本節奏」**。

這個節奏無論快慢與否都不算太大的問題，**因為慢讀者的問題癥結，並非基本節奏過慢，而是他們打算一直維持同樣的節奏進行閱讀。**

一旦打算維持固定節拍來閱讀，就會感覺速度「緩慢」。猶如無所事事地等待總讓人感覺時間漫長一般，當節拍單調時，「焦躁感」將隨之遽增。

或許只是因為閱讀節奏單調，才導致「感覺緩慢」

有些人明明「基本節奏」一點都不慢，卻不明就裡地自認屬於慢讀者，而個中的始作俑者，往往就是**「閱讀節奏單調」**。

如同閱讀學校的教科書一般，或許是一直以相同速度淡然瀏覽文字使然，總讓人覺得沒什麼閱讀進度。

諸如此類的人，閱讀時請試著隨時留意「調整緩急」。說得更具體一些，就是**保有兩種以上的閱讀節奏**。除了仔細閱讀時的「基本節奏」之外，還要有一・五倍速的「中速模式」、兩倍速的「高速模式」、五倍速的「瀏覽模式」等，備妥數種段速的節奏。

一旦開始閱讀，不妨隨時留意節奏的「變速」吧。

諸如「這個部分似乎無關緊要，因此用『瀏覽模式』閱讀吧」、「等一下，這裡似乎有相關的關鍵字存在，因此用『中速模式』閱讀吧」等，一邊感覺自己的節奏，一邊調整閱讀速度的緩急。

在整體閱讀過程中，可藉由刻意安排節奏的「緩急」，防止閱讀體會趨於單調，並避免不知不覺中陷入冗長乏味的瀏覽之中。

「不熟記的閱讀方式」就是「過目不忘」的祕訣

不建議採用「劃線式閱讀」

前文已介紹了幾個瀏覽的絕招，若能確實做到一邊留意這些重點，一邊進行瀏覽，閱讀書籍將變得得心應手，不過在此恐怕有個扯我們後腿的動作，那就是第三章所介紹的「摘引」。

由於一邊閱讀一邊謄寫「摘引」的「單句取樣」，正是中斷閱讀的主因，因此閱讀速度變得愈快的人，搞不好愈覺得「單句取樣」相當礙事。

其實當書中出現令人耿耿於懷的字句時，一般人並不會特地謄寫下來，**多半是以鉛筆、螢光筆劃線，或是在空白處寫上附注吧。**

不過，我自己在閱讀時，向來不做這兩種動作，而且我也不建議大家這麼做。原因有二。

其一為我個人的偏好問題，因為我很排斥像這樣把書「弄髒」。比方說偶然在二手書店發現尋找多時的書，於是買回家興致勃勃地翻閱，結果卻看到書裡有鉛筆或原子筆筆跡，頓時感到掃興極了……類似這樣的經驗也不算太少。

話說回來，把自己寫了附注的書賣給二手書店，難道不會覺得猶豫嗎？

我很清楚是自己想太多，不過要是被下一位拿到這本書的人發現「喔喔……原來這本書之前的主人是被這個部分感動啊……」，總讓我覺得有些不好意思。

除了劃線之外，在我的朋友當中，也有「只剪下需要的部分貼在筆記本上」的高手。

舉凡劃線、寫上附注、剪下書籍頁面等，就我的感覺來說，實在有些不可思議。

想必一定也有心想「我懂、我懂！」的「同志」存在，不過畢竟這種心態全源自於個人的特質與偏好，所以要將此視為不該再「註記」和「劃線」的理由，恐怕立場有些薄弱。

即使劃再多線依然會遺忘，也不會翻開書來閱讀

另外還有一個更重要的理由，其實也相當簡單，那就是「毫無意義」，僅此

而已。

打個比方來說，會針對疑似重點部分劃線的人，為何會有此舉動？

我想理由相當多，但多半為下述兩者：

①為了熟記這個部分

②為了稍後再回頭看這個部分（當作記號）

不過，請各位思考看看。首先，不過是劃了線，就能加深對於那個部分的記憶嗎？若為記憶力超強之人，或許有此可能。

然而大部分的人往往因為劃了線，心態就轉趨鬆懈，剎那間便忘了其中的內容吧？

以前，我還在為自己的閱讀深感苦惱之時，也曾經歷過以斷腸之痛來「劃線」的階段。

其實一邊劃線一邊閱讀，的確能讓人自以為積極上進。每當快速翻閱已經讀完的書，看到書裡到處被劃著線，竟也能深自感慨「哇——讀了不少耶……」，從中獲得不可思議的滿足感。

不過，僅此而已。這只是「誤以為」從書中有所收穫，其實一到隔天，將全數消逝於記憶的黑洞之中。

因為想要記住，所以更會忘記！不「熟記」的「記錄」閱讀法

我所提倡的「瀏覽式閱讀」，與意圖收藏知識的儲存式閱讀正好相反，著重於享受閱讀的過程。

話雖如此，**但我並不打算主張「閱讀毫無收穫也沒關係」**。

重點在於並非把得自於書籍的價值「收藏於自身『腦袋中』」，而是要「收藏於自身之『外』」。而個中的技巧，就是前章所介紹的三大步驟「單句取樣↓單句選粹↓單句感評」。

為了收藏知識而一邊劃線一邊閱讀的人，就兩種意義來說，可謂閱讀「失敗」。

其中一個意義為「讓閱讀過程本身變成充滿壓力的時間」。關於此點，已於介紹瀏覽式閱讀時說明（見第三十二頁）。

至於另一個意義，則是「儲存閱讀所得知識，就是一種損失」。就算劃再多線，書的價值也無法到「書外的世界」去，而是就此長眠於書籍裡。

一旦把書本闔上並放回書架的瞬間，這本書的閱讀體會將「一律歸零」，這豈不是太可惜了嗎？

基於此故，**像我這樣的凡人若想把書的價值納為己有，就只能先「集中謄寫於一處」**。

要是沒諸如此般地只將書中的精華篩選到「書外」，這樣的瀏覽過程，真的會變成毫無價值的時間。

前文介紹了各種擺脫慢讀者行列的閱讀術，希望各位先著手力行，實際感受個中的效果。

另一方面，一旦大量閱讀的狀態變成習慣化，屆時將發生令人困擾的狀況。自從成為書評人之後，我所面臨的問題大致有以下三點：

①如何挑選閱讀書籍？
②如何取得閱讀書籍？
③看完的書如何管理？

所以，下一章將為大家介紹這些問題的解決對策。

「連瀏覽式閱讀都還沒確實力行，你真是急性子耶……」

或許有人這麼覺得，不過要是沒有同時進行這個部分，好不容易開始的大量閱讀生活，將無法「持之以恆」。

尤其是頭一點的「①如何挑選閱讀書籍？」相當重要，因此首先就來探討這個部分。

第5章

如何邂逅書籍？如何揮別書籍？

——七百本書的挑選・管理術

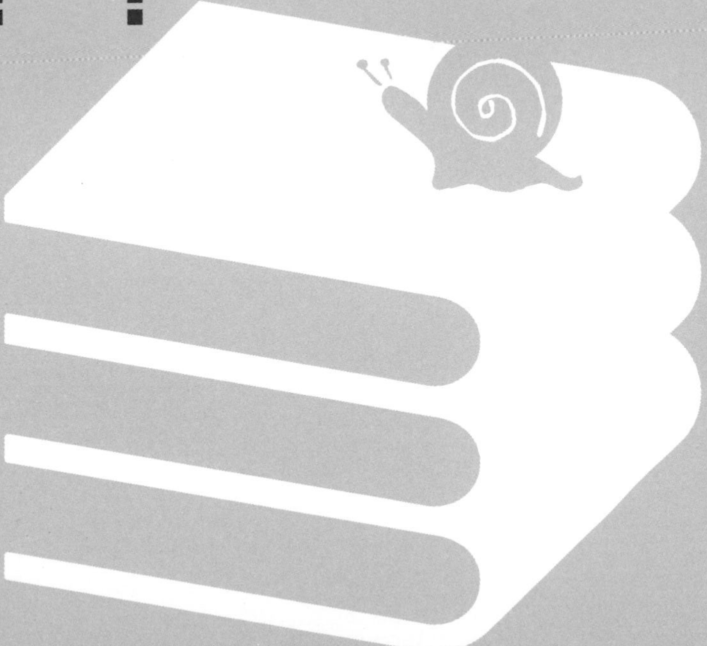

大量閱讀技巧①書籍挑選篇

以「一週閱讀計畫」讓「每日一書」變成理所當然

以「週讀六本」為一大目標

如前文所述，現在的我是以週讀十到十四本，月讀五十到六十本，年讀約七百本的步調閱讀書籍。

畢竟我以此為業，因此我無意要求各位比照辦理，不過我的工作並非光寫書評而已，在同時有作家「例行業務」的狀況下，我的閱讀量依然如此之大。

因此，我希望各位能把達到**週讀六本，月讀二十五本，年讀三百本的大量閱讀生活狀態**，當作閱讀本書的一大「目標」。一聽到「年讀三百本」，肯定很多人不敢置信，而且多半會反應「此事絕無可能」。

然而，只要活用「單句取樣」和「單句感評」，養成瀏覽式閱讀的習慣，其實週讀六本書，並沒有那麼困難。

之所以設定為「週讀六本書」，是因為希望大家能以**「每日一書」為基本**。

那麼，剩餘的一天呢？

如同第五十頁所述，將閱讀排入「生活節奏」時，「每天閱讀」為基本項目。話雖如此，如果閱讀對各位而言變成如「修行」一般，那也絕非我的本意。

基於此故，我特別空出一天。大家可把這天訂為「非閱讀日」，或是悠然自得地花點時間慢慢閱讀自己想看的書也挺不錯。

務必訂出規劃「本週閱讀清單」的日子

相較於此，還有件更重要的事，希望大家務必在空出的這一天完成，那就是**事先排定下週的「閱讀日程表」**。

請盡可能將空出的這天固定於每週的某一天，然後在這天安排下週的閱讀清單和日程，諸如星期一讀這本、星期二讀這本……，以此類推。

或許各位感到意外，**不過當決心實現「每日一書」時，最重要的就是敲定「明日應讀書籍」**。

畢竟，為了明天確實能看明天該看的書，就得在今天之內看完今天該看的書。

這個道理也適用於工作進度的安排。

我曾聽過一種說法，據說**為了讓會議能進行緊湊，最棒的方法就是緊接著這個會議之後，安排其他行程。**

一旦接下來還有行程，會議便不能進行得拖泥帶水，必須在限定的時間內，做出某種程度的結論。同樣的道理，之所以拖拖拉拉地花費數日閱讀同一本書，全是因為沒有「排定下一本書」。

只要排定下一本書，將不得不去思考「為了在今天之內（這段時間內）看完這本書，應該採用什麼樣的閱讀方式為宜？」、「應該以什麼樣的步調翻閱為妥？」

此外，自稱「忙到沒時間閱讀」的人亦然。只要事先確定「今日讀物」、「明日讀物」，便會讓自己早點結束工作或早點起床等，積極設法擠出得以閱讀的時間。

一旦心存「有空再讀就好」的念頭，閱讀時間勢必被其他行程「侵蝕」。為了避免這種狀況發生，最確實的方法就是「每週敲定一次閱讀日程表」。

「隨時都能讀」等於「永遠」不能讀

我最推薦的方法，就是第三章介紹過的「單句感評」，準備專用的筆記本或記事本，然後**事先寫下六本書的書名，讓摘引及感評處於「待寫」的狀態**。

房間角落堆積著許多囤書的人，請先決定這些書籍的「閱讀順序」和「閱讀時間」。

我自己也是一邊制訂這種閱讀計畫，一邊閱讀書籍。畢竟我每週得寫出十本以上的書評，如果老是走一步算一步，工作肯定立刻出包。

只要以週為單位安排日程表，一年便能閱讀三百本書

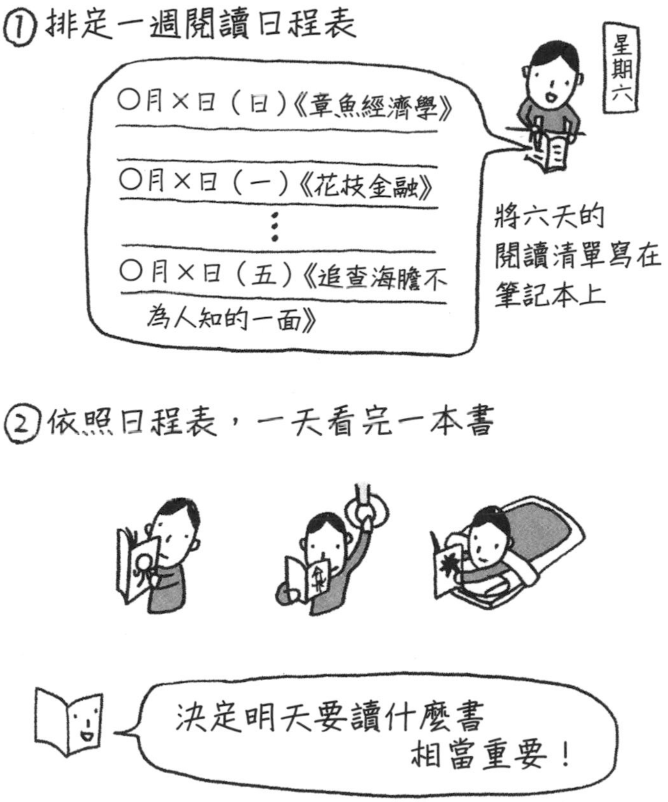
①排定一週閱讀日程表
星期六
○月×日（日）《章魚經濟學》
○月×日（一）《花枝金融》
○月×日（五）《追查海膽不為人知的一面》
將六天的閱讀清單寫在筆記本上
②依照日程表，一天看完一本書
決定明天要讀什麼書相當重要！

要是突然發生意料之外的狀況，導致步調大亂，那可就慘了。每寫完一本書的書評，便心想「接下來要看哪一本呢？」，然後選書、看書、撰寫書評，接著再選一本書。一旦陷入這種「死命硬撐」的狀態，將累積相當大的壓力。反之，如果確實排妥閱讀計畫，就算工作量一樣，心理負擔卻有如天壤之別。

「挑選」一週閱讀書籍的時間，盡可能固定於某一天吧。這並不是一件苦差事，其實這件差事，反而能讓人心裡充滿類似安排旅遊「計畫」時，某種興奮雀躍的感覺。

「一週閱讀計畫」及「六本每日一書」——如果這兩件事能成為「生活節奏」，將可毫不費力地實現年讀三百本書的目標，請務必嘗試看看。

大量閱讀技巧①書籍挑選篇

打破「興趣藩籬」，增加「喜好的書」

如果「只有想看的書」，閱讀將流於公式化

挑選每週六本的書籍時，應該注意些什麼呢？

重點就是**挑選一兩本「沒啥興趣閱讀的書籍」**。要是盡看自己偏好的書，最後將流於公式化。

其實，被自己向來毫無興趣的書籍深深感動的經驗，不正是閱讀的奧義之一嗎？**透過這種方式，將擴大自身興趣範圍的機制納入「選書要領」中。**

我也曾以樂評人的身分寫過許多CD附錄。所謂CD附錄，就是夾在CD歌詞本中的隨附「解說」。

雖然我對於自己音樂喜好之廣泛感到相當自豪，但受託撰寫的音樂，未必盡是我偏好的類別，或是熟悉歌手的CD。其實那些我毫無興趣的歌手，過去我也寫了不少他們的CD附錄。

重要的是「從未感到興趣」已是過去的事。我經常在為了撰寫CD附錄而仔細聆聽的過程中，發現該名歌手及作品的魅力所在。

閱讀的奧義，就在興趣萌芽的瞬間

或許是我的個性因素使然，只要我心存好奇地正面接觸，無論是什麼樣的音樂，我一定能發現其中的精彩之處。雖然以「我對這類音樂不感興趣」的說法加以否定最為簡單，但也最為可惜。找出值得肯定的部分，才是積極正面的做法。

其實閱讀的道理也可謂完全一致。要是一天得看好幾本書，每週得寫出超過十本書的書評，勢必會遇上原本覺得「沒啥興趣閱讀」的書。不過，大部分的書都含有令人覺得「幸好讀過」的部分（偶爾也會遇到完全沒有這種部分的書就是了……）。

針對自己討厭的書籍，無須勉為其難地閱讀，但還是請各位心存「擴展興趣範圍」的念頭，儘量克制自己選書時「只挑所好」，如此一來，瀏覽式閱讀的習慣應會變得更加刺激好玩。

所謂書評人就是「書籍DJ」

然而，就算被要求「選書不可只挑所好」，還是有難以落實的時候吧。要找到自己興趣範圍之外，而且能感到「幸好讀過」的書，其實並非易事。

不過還是有辦法解決，我想推薦的方法就是**活用「他人」**。

接著再來聊聊有關音樂的話題。八〇年代中期深受DJ文化薰陶的我，曾在酒吧和保齡球館等地方做過類似DJ的工作，九〇年代時也曾擔任過夜店DJ。

基於某些原因，我目前已不再擔任夜店DJ，不過直到現在，我有時還會到下北澤（東京地名，附近有兩所明星大學，因此成為年輕人聚集之地）的音樂酒吧等舉辦活動（請務必來這裡玩玩）。

雖然一聽到ＤＪ（Disc Jockey），便直覺反應「是搞廣播的吧？」的人已少了許多，不過一般大眾的印象，似乎還無法與「在夜店等場合播放音樂的人」聯想。

我想多半是誤解為自己不動手演奏樂器的「偷懶樂手」。

雖然ＤＪ的確是播放音樂的人沒錯，但如果說得更貼切一點，透過播放音樂以營造「現場氣氛」，才是ＤＪ的基本任務。

若為期待盛況的客人擠爆場內的週末夜店，就得播放動感十足的音樂將現場氣氛愈炒愈熱；若為氣氛靜謐的沙發酒吧，則得挑選讓人放鬆心情的音樂。要是在安靜的場所播放熱鬧的舞曲，那純粹是ＤＪ自己搞錯了。

換言之，ＤＪ必須具備感性與知識，以即時選出適合當場氣氛的音樂。

「他人推薦書籍」勿只挑所好，一律照單全收吧

此外，我認為ＤＪ和書評人有共通之處。

挑選撰寫書評的書籍時，我通常十分留意每種刊登媒體的特性。畢竟隨著網站的不同，讀者的喜好也有所差異，因此我會針對各網站的客層，分別挑選能討好他們的書籍。

一如在數萬人聚集的派對活動中，就算播放八代亞紀女士（日本演歌歌手）的《舟歌》也毫無意義一般，即使在《生活駭客》中介紹輕小說，大部分的讀者也不會感謝我。

雖然我的判斷未必完全正確，但我認為努力推敲探尋對方所好，的確十分重要。

我之所以這麼說，是因為我覺得**為了他人試著選書，以及委託他人代為選書，在享受閱讀上具有重要的意義**。

我想任何人都曾有過想向他人推薦愛書的經驗，請試著擴大推薦範圍看看。無論是朋友、情侶、夫婦，還是同事都可以，請嘗試互相推薦「此人或許會喜歡吧」的一本書。雖然他人推薦的書籍是否投自己所好是個未知數，但說不定能從中獲得拓寬視野，或是好奇心再次萌芽的體驗。這種猶如ＤＪ一般的選書推薦方式，請大家務必試試看。

「不過，我身邊沒有那麼喜好閱讀的人……」

我正是為了這樣的人撰寫書評。本人書評網址附注於本書最後，請務必前往瀏覽，作為挑選書籍的參考。

大量閱讀技巧①書籍挑選篇

「慢讀書籍」的正確閱讀法

如果沒有閱讀「故事」，內心將變得貧瘠

第一章曾約略提到本書所介紹的技巧，主要針對「商業書籍」、「新書」等表述事實．主張的內容，並不包括諸如小說等故事性的內容（見第五十四頁）。

畢竟可快速閱讀的書（商業書籍、新書等）和無須快速閱讀的書（小說、散文等），彼此的閱讀目的並不相同。

所謂「閱讀目的」，應可大略歸納為以下兩點：

①事實．主張性內容（商業書籍、新書等）——為了自己的學習成長

②故事性內容（小說、散文等）——為了自己的樂趣

當然每個人的情況不盡相同，有人「純粹只為了追求樂趣而閱讀新書」，也有人「因故事精彩而閱讀小說」，在此就以單純的狀況為前提，繼續為各位說明。

藉由本書「瀏覽式閱讀的習慣」，力行年讀三百本書的閱讀計畫，是以一天看完一本「①事實．主張性內容＝可快速閱讀的書」為前提。

不過，這樣的閱讀生活一旦開跑，我想愈熱愛閱讀的人，愈會感到無法滿足，因為他們總是十分思念忘卻時間流逝，一邊充滿期待，一邊沉浸故事之中的閱讀經驗。

花時間的閱讀安排於「空出」的那一天

每天的工作就是閱讀大量商業書籍的我，也經常感到「真想如孩提時期一般，盡情沉浸於故事的世界裡啊」。由於我原本就喜歡虛構故事，因此要是一連數日完全沒看小說，就會略覺失去了幹勁。基於此故，我總會刻意同時閱讀商業書籍與小說，如此一來，便能確保自己內心的平衡。

縱然統稱為小說，但內容卻相當多元呢。雖然我不分類別，任何小說都曾閱讀，但比較偏好的則是中間小說（介於純文學與大眾小說之間的文藝創作）或大眾小說之類。

其中又以昭和時期的暢銷作家源氏雞太最令我喜愛，他所寫的懲惡揚善故事毫無艱澀難懂的道理，看完後總能大快人心，十分扣人心弦。美國人氣作家丁．雷．昆士（Dean Ray Koontz，美國最受歡迎的懸疑小說家）曾在《暢銷小說撰寫技巧》（*How to Write Best Selling Fiction*）一書中寫道：「務必把主角逼到走投無路，然後以皆大歡喜的結尾收場，否則無法滿足讀者。」這的確是重點所在。雖然過程高潮迭起，但最後圓滿收場所帶來的安心感，往往令讀者深深著迷。

無論是日本純文學，還是海外文學、科幻小說、推理小說、時代小說、輕小說、旅行札記、散文、童書等，都各有其愛好者。

自認為「對小說涉獵不深」的人，不妨從出版量較大的暢銷小說等嘗試閱讀看看。這些小說可在亞馬遜的電子商務平台或BOOK OFF（日本二手書及二手家電的連鎖專賣店）以拋售價購得，除此之外，它們之所以榮登暢銷書榜單，單純因為內容「十分有趣」。

各位不妨於每週空出的那天閱讀故事性內容的書籍，或是與六本書同時閱讀，從中享受閱讀生活也相當不錯。

大量閱讀技巧②書籍取得篇

讓選書地點具有多元性

唯有能大量閱讀的人才有的奢侈煩惱

我自二〇一二年八月二十六日開始於《生活駭客》撰寫書評，因此已連續寫了將近三年半。由於我與生俱來的閱讀能力實屬笨拙，因此直到現在，我依然一邊煩惱於「這樣寫好嗎？」、「這樣寫不行嗎？」一編撰寫書評，不過現在的閱讀步調，應已達到一定的水準。

回想起來，當初開始撰寫書評時，煩惱多到數不清。由於網路的更新頻度十分重要，因此不但有「除了六日及假日外，必須每天更新」的附帶條件，而且還得閱讀大量書籍，根本不管我看書相當龜速。

對於過去多半在月刊等平面媒體工作的我而言，不僅搞不懂網路是怎麼一回事，也無法想像讀者的結構，簡直處於瞎子摸象的狀態。

然而，在我的努力之下，總算克服了這些障礙，最後就剩下一個怎麼也無法解決的問題，那就是**「如何拿到要讀的書？」**

自從大家認定只要由我撰寫書評，這本書便能在亞馬遜大賣以來，就有很多出版社主動提供書籍給我，不過當我還是個沒沒無聞的新手書評人時，根本沒人送書給我，因此我只能靠自己設法取得書籍。

唯獨全新的書無須閱讀

舉例而言，要是每週得撰寫五本書的書評，平均每個月就得拿到二十本以上的書。假設商業書籍的平均單價為一千四百日圓，如果全在書店購買，每個月的花費將約三萬日圓。或許感受因人而異，但對於不是鉅富的我來說，這筆開銷不小。

對於各位來說，這並非與自己無關之事。要是每年三百本書全在書店購買，一年的花費將達四十萬日圓以上。就一般人而言，這應該是筆令人猶豫不決的金額吧？基於此故，如果全部的書都買新的，我認為實在有些不切實際。

此外，這不光是錢的問題而已。**為使閱讀生活更加豐富有趣，讓「取得書籍的地點」具有多元性相當重要。**

去圖書館吧！拓展視野的選書法

當時，為了要讀的書而困坐愁城的我首先前往之處，就是圖書館和BOOK OFF。

一旦以自由作家的身分從事近似出版社的工作，就會經常聽到此二者實屬出版業大敵的說法，不過畢竟這是出版社自身之事，而且對於大量閱讀的人來說，這兩個地方永遠都是十分寶貴的書籍取得平台。如果打算實現大量閱讀生活，務必活用圖書館與二手書店。

以我個人為例，其實一直以來，我也十分受到圖書館的關照。雖然能免費借書就已經很棒了，但有時還能發現一般書店找不到的書，這也是圖書館的一大魅力所在。

由於店面空間有限的書店，總是盡可能只進「暢銷書」來賣，因此每家書店所賣的書不僅大同小異，而且還有把最新出版的書擺在醒目之處的傾向。

相對於此，圖書館人員則是大量陳列以個人品味挑選的書籍，或是圖書館使用者剛好申請上架的書，這些書均各有特色。

一旦習慣圖書館的陳列後，將漸漸發現書架的分類方式也和書店截然不同。若花些時間在館內逛逛，勢必發現一本書讓你不禁脫口而出：「為什麼我從來不知道有這本書！」

為了能從意想不到之處，獲得擴大興趣範圍的機會，針對每週要讀的書籍，建議其中幾本可到圖書館借閱。

其實光是待在圖書館裡，就能感受到不可思議的靜謐氛圍，就某種意涵來說，這正可謂圖書館的最大魅力吧。

去二手書店吧！大享挖寶樂趣

至於以BOOK OFF為代表的二手書店，雖然就氣氛而言，完全無法與圖書館相提並論，但店內所賣的書籍相當獨特，與圖書館和一般書店迥然不同。由於二手書店不太在乎書籍本身的價值，而是制式地標上價格，因此具有得以低價意外購得稀有書籍的好處。

因為店內陳列的書籍，基本上都屬於「原主人判定『脫手也無妨』、『無須留在手邊』的書」，所以遇到好書的可能性或許有些偏低，不過從中挖掘好書也是樂趣之一。只要分配部分書籍到二手書店購買，這種地方仍頗具利用價值。

此外，對於愛書人而言，絕不可或缺的就是古董書店，這裡具有銷售新書的書店無法讓人感受到的個性魅力。

去實體書店吧！閱讀「暢銷書」的意義

我好像一直在提二手書，不過針對要讀的書，建議其中幾本還是「自掏腰包」，到銷售新書的書店購買吧。

雖然諸如亞馬遜的網路書店也相當方便，當中有些「推薦好書」的精準度著實令人驚訝到目瞪口呆，不過我還是比較喜歡能實際翻閱書籍的實體書店，建議大家不妨每週上書店一次。

雖然實體書店大力推廣的書籍往往以新書或暢銷書為主，但反過來說，這樣的陳列方式正強烈地反映出世上的趨勢。若想知道目前的熱門話題為何，或是世人對什麼充滿興趣，應該沒有其他地方比書店店面更方便好用了。

大量閱讀技巧③書籍管理篇

愈是熱愛閱讀之人，愈能順利揮別愛書

令大量閱讀之人深感煩惱的問題：「書架該怎麼處理？」

前文探討了「如何挑選書籍」與「如何取得書籍」兩大課題。

一旦搞定這兩件事，準備開始力行大量閱讀生活，最後還會遇上一個無法迴避的問題，那就是**「看完的書該如何處理？」**

以我個人為例，由於我的手邊每天都會增加好幾本書，因此曾經只顧著忙，便把看完的書直接扔在一旁，結果我的工作室亂到慘不忍睹。要是以一年約增加七百本書來計算，除非住在頂級豪宅裡，否則根本無法全數加以保存收藏。

基於此故，有關「看完的書該如何處理？」的問題，肯定與大量閱讀生活有密不可分的關係。在此將為各位介紹我自創的「書架管理術」。

過去，所謂「書即是財」的價值觀相當普遍。學生時期的我也抱持著相同觀念，十分渴望擁有能整齊陳列厚重書籍的高雅書架，以及和這種書架十分搭調的漂亮書房。姑且不論只是把書籍當成「室內擺設」來運用是對是錯，但「擁有」大量書籍的狀況，在過去的確屬於某種地位的象徵。

我之所以強調「過去」，有其含意所在，因為我認為把物理上實質存在的書籍當成「財產」看待的時代已宣告落幕。

一旦丟棄不需要的書，將變得更愛書

以前我也曾經有過因看完的書，以及即將閱讀（打算閱讀）的「囤書」與日俱增，而感到開心不已的時期。由於書籍堆積如山的光景的確能振奮「愛書」的心情，因此眼見囤書每天愈堆愈高，總讓我不禁會心一笑。當我驚覺情況不妙的時候，早已處於囤書增加太多，接近「房間即將爆滿」的階段。

「下次翻閱這裡的書會是何時？」

有些人會一再重讀自己喜歡的書，但基本上看過一次的書，幾乎不會再看第二遍。以我個人為例，我的「囤書」當中，不乏買了超過一年卻一直原封不動的書。

當發現這種狀況時，我感到無比失望，心情就像原以為自己過著被財富圍繞的日子，結果卻得知其實大多是贗品一般，內心悵然若失。於是我做了一個決定，就是把自己的書清理掉一半左右。

回想起來，以前我也曾有過類似的經驗（過去我是個「生性難以割捨」的人）。

當我主要從事樂評人的工作之時，我的書房被數量驚人的唱片淹沒。雖然當時我自認為「這些唱片全都是我的」而感到幸福不已，但不覺中唱片帶來的壓迫感與滿滿灰塵，已完全超越了幸福感。

結果，我終究還是決定大量丟棄房裡的唱片，數量約有八千張。雖然其中也有許多珍貴少見的唱片，但反過來說，我也從這次的經驗中得到了具體的收穫。

那就是徹底區分「真正需要的唱片」和「不需要的唱片」後，我終於認清

「自己真正喜愛的音樂」。我認為就是因為多餘的部分被極度刪減，最後才能抵達這樣的境界。

由於有過這樣的經驗，因此我下定決心先把房裡的書「減少一半」。結果我的心態出現了兩種變化。

一是整理房間後，我對於生活及工作的心態，變得更加正面積極。

至於另一種變化，則是**變得更加期待邂逅新書**。

此後，我總會定期清理書籍。話雖如此，我並非把書丟掉，而是盡可能送給表示「我想看那本書」的年輕友人。

針對「清理書籍」，或許心存負面印象的人不在少數，不過本該豐富人生的書，卻讓生活環境愈來愈糟，這簡直是本末倒置。**不再儲存，改為流動，不僅是「書籍閱讀方式」，也能運用於「書籍管理」上**。

大量閱讀技巧③書籍管理篇

以這種方式區別「清理掉也無所謂的書」

掃蕩頑強的囤書！書架的「流動管理術」

話雖如此，要判斷孰為該清理掉的書談何容易。每次討論「書籍存放場所」時，必定遭人提問「不是有電子書嗎？」說不定有些人此刻正看著本書的電子書版。

我本身絕對無意否定新型態的媒體，不過我還是屬於「紙本派」。雖然我曾數度嘗試閱讀電子書，但我的偏好依然不受動搖。

只要購買電子書，的確不再需要物理空間，因此將能擁有無限量的書籍。不過我想提出的問題，並非只是存放場所而已。

就算有再多存放空間，一個人能掌握的書籍數量依然有限，因此藏書最好還是保有某種程度的「流動」，使其通風良好，才是上上之策。換言之，接下來我想為各位介紹的是，無論是住在何等豪宅的人，都能感到十分受用的「書架管理術」。

若想培養判斷能力以區別孰為該清理掉的書，就得定期整理書架。其實我自己也是這麼做，光是如此，一些不需要的書籍將變得相當容易清理。

以「書脊朝外」「依時序排列」為基本

首先請把所有的書陳列於書架上。

屬於「囤書」的書籍通常為橫倒著放，搞不清楚哪裡有什麼書名的書，因此首先要做的就是把書立起來排列，讓書名清楚可見。

這時候的重點，就是讓**書脊「朝外」**。要是書架都塞滿了，排列於地上也無妨，只要比照陳列於書店的商品一般整齊排列即可。

另一個建議就是察看書籍末尾資訊（附注書刊資訊等的最後一頁），確認出版日期，**然後由舊到新依序排列**。

如此一來，在這個階段就會出現幾本「這本不需要耶」的書，比方說「還沒看便收了起來，就此過了兩年」，或是「已經是十年前的資訊，內容也太過時了吧」等。尤其是商業書籍之類，多半會隨著時代變遷出版新書，因此不妨積極清理過時的舊書。

如果還是無法下定決心清掉書籍，就請各位心存「隨時都能重逢」的念頭。

即使仍然十分需要這本書，都能透過二手書市、圖書館、電子書等途徑輕鬆取得。現在利用網路便能搜尋，因此只要不是非常稀少的書，所謂「再也無法取得的書」根本不存在。

大量閱讀技巧③書籍管理篇

書架向來都是反映自我的明鏡

書架整理以「每三個月一次」為原則

這項作業的重點在於反覆持續進行。就算曾下定決心動手整理，故態復萌的可能性仍相當之高，因此必須讓清理書籍的作業習慣化。最理想的頻度就是**每三個月整理一次書架**，理由為後述三點。

理由① 最近三個月閱讀的書籍中，也有不再需要的書

針對最近閱讀的書籍總覺得「雖然沒打算再看一遍，但畢竟才剛剛看完，不如暫時留在手邊吧」，這樣的心情我十分理解。

不過，如果現在感覺不需要，便沒理由暫時留在手邊。為了建立良好的「書架流動性」，針對不再需要的書，各位不妨養成立刻清理掉的習慣。

理由② 三個月前出版的新書，已不再是新書

若說這個理由是個意想不到的陷阱，也毫不為過。才剛出版還熱騰騰的新書，只因為是新的，就具有令人想留在手邊的魔力，沒錯吧？然而，若就現今社會的速度感來說，無論多新的書，只要過了三個月，就不能算是新書了。

其實，即使為外觀又新又炫的書，有時一旦過了三個月就顯得「大不如前」。就算三個月前相當捨不得丟，只要現在覺得「不需要」，便該趁此機會毫不遲疑地把書清理掉。

理由③ 以前留下來的書，現在未必依然應該保留

書籍這類物品，或許可謂「在書店購買之時」最有魅力。

每本書總是拚命表現自己，傳達「請買我！」的訊息。之所以從眾多書籍中特別取出那一本，正是因為那本書在自己眼裡顯得特別耀眼。最後只要與那本書形成戀愛關係，就會將書買下。

不過，接下來才是問題所在。就如同一開始濃烈無比的愛情未必天長地久一般，我們和書的關係也有走到盡頭的一天。邂逅當時的悸動，三個月後未必依然存在。

此外，即使有些書買回家並實際閱讀後，內心覺得「好棒的書，把它留在手邊吧」，都極有可能隨著讀者價值觀的變化，而被貶為「不需要的書」。

大家不妨定期確認對於每本書的愛情濃淡程度，檢查有無「因惰性而沒分手的書籍」吧。

書架的簡易整理法

① 書脊全部朝外，立放於書架上（放不下便擺在地上）。

② 把書由「舊」到「新」依序排列。

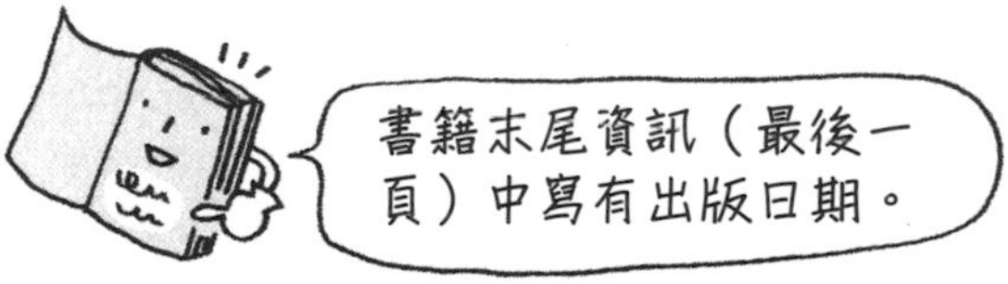

③ 先從舊書中篩選「不需要的書」。

④ 每三個月重複一次這項作業（超過一年未曾翻閱的書姑且捨棄）。

就算是每次都順利通過檢查的「書架常客」，只要「超過一年未曾翻閱」，便無留在手邊的價值。

若能落實這種整理法，只留下對於「目前的自己」來說屬於必要的書籍，便能打造出反映個人喜好的完美書架。

從「絕不可丟的書」認清真正的自己

只要有「清理掉也無所謂的書」，肯定就有「絕不能清理掉的書」。

話說回來，對於閱讀者而言，本應著重的部分，並非該捨棄哪一本書，而是該留下哪一本書在手邊。而且，試著思考「想留下哪一本書呢？」正是重新認知自身價值觀、興趣、嗜好的大好契機。根據留下來的書，將可認清「自我」。

那麼，所謂「絕不可丟的書」與「應保留下來的書」，究竟是什麼樣的書呢？

結果是因人而異，重要的是自己心裡必須有所「基準」，然後據此進行判斷。

此外，還有個辦法就是活用本書所介紹的技巧。前文曾提及每當寫出十二本書的「單句感評」，便回頭重讀這些感評，並從中挑選「最棒的一本書」（見第九十二頁）。如果是一週閱讀六本書的人，即為每兩週進行一次這種「回溯」動作。

一旦諸如此般地重新檢視感評，將可以此為基準，判斷「保留書籍／不保留書籍」。

只要養成定期評價自身閱讀體會的習慣，便能靠自己找到希望留在手邊的書，請大家務必嘗試看看。

終章

成為大量閱讀之人才恍然大悟的事

九歲那年的意外

終於進入本書的終章了。

雖然前文寫了種種冠冕堂皇的內容，但接下來想稍微談一下我個人的事。只要大家知道一些我曾經歷的狀況，或許就能明白「哦……即使是這樣的傢伙也能閱讀大量書籍啊」。

常有人說：「任何人的一生都能寫成一本書。」人生在世，必然遭逢各種事情，而當中的幾件事，將成為此生的轉捩點。

說得更淺顯易懂一些，就是基於某個事件，今日將不同於昨日。以我個人為例，九歲那年的經歷，對我後來的人生，影響尤其之大。

那是我升上小學四年級不久後，四月最後一個星期天所發生的事。當我騎著自行車，後座還載著就讀二年級的弟弟時（其實雙載就已經大錯特錯了），突然在下坡路段剎車失靈，結果就此失去平衡，頭部撞到了地面。

接著數分鐘後，我失去了意識，而且昏迷了一段頗長的時間。沒有恢復意識的狀態持續了三週以上，據說連醫生都表示「百分之九十九無法保證存活」。

想當然耳，我現在能這樣寫稿，表示我後來終於清醒了。

雖然我記得自己騎自行車摔車，但萬萬沒想到摔得那麼嚴重。

一開始我還覺得沒什麼大不了的事，但聽聞意外的相關細節後，一種模糊卻強烈的絕望感漸漸在我內心擴散開來，直到現在我都還清楚記得那種感覺。雖然當時我只是個孩子，但受到的驚嚇實在太大了。

自從那次之後，我一直無法擺脫「自己頭殼壞了」的念頭。

而且我也總是認為「大家鐵定覺得『印南頭殼壞了』」，事實上無論在學校或住家附近，大家也曾對我抱持異樣的眼光。

雖然父親身為編輯，自己卻對閱讀抱持「逃避心理」

「既然我頭殼壞了，無論做什麼都是白搭吧」，這種自暴自棄的念頭在我內心根深蒂固，十幾歲的我的確一事無成。

此外，對我而言最難受的事情之一，就是我自認為「變成既不會讀，也不會寫」。

我過世多年的父親原本是一名編輯。通常他上午出門後，因為經常得和作家應酬，所以回到家往往已是深夜。由於他總是喝得爛醉回來，然後在半夜三點左右大聲唱歌，又唱得很難聽，因此想必鄰居們沒人受得了他吧。換成是現在的話，肯定馬上被人檢舉。

話雖如此，對孩子來說，父親就是父親，不僅心存仰慕，而且還會隱約覺得將來要從事和父親一樣的工作。

更重要的是，我本來就是個熱愛閱讀的少年。

然而，因為受傷的緣故，我的想法變成「自己無法從事書籍出版的工作」。畢竟我整整休息了一個學期，不僅成績大幅退步，而且還自覺「再也不會閱讀和寫作了」。

……再繼續寫下去，將淪為自怨自艾，因此姑且說到這裡，反正我當時的心情就是「全世界最不幸的人就是自己」。

直到現在我才明白，所謂「自己頭殼壞了」、「自己一事無成」、「閱讀寫作能力變差」等念頭，全是自己逕自想像出來的主觀意識。

事實上，意外時受的傷早已痊癒，其實閱讀速度也幾乎毫無變化。

而且所謂寫這本書的人是名「慢讀者」，我相信也是這種主觀意識使然的幻想。

若問自稱「我不擅長閱讀」的人原因何在，有不少人的回答是「無法逐字閱讀」、「因為頭腦不好，所以無法理解內容」等，當場對自己的能力做出結論。

諸如此類的逃避心理，多半來自於微不足道的挫敗經驗或心理創傷等。搞不好自己只是妄下定論，其實閱讀能力根本相當不錯。

話說回來，或許各位就是對於屬於「慢讀者」的自己，內心一直充滿納悶，覺得自己「應該能讀得更快一些」，所以才翻閱本書吧？

畢竟這是我的親身經驗，所以我能明確地告訴各位，只要撕下不知不覺中給自己貼上的標籤，將有機會出乎意料之外地輕易邂逅「懂得閱讀的自己」。

不看書也無所謂！所以「閱讀生活」才令人開心

閱讀不應勉強。無論音樂或書籍皆屬於「沒有也無所謂」，這是難以推翻的事實。

或許大家覺得我這個人很難搞，但每當我看到淘兒音樂城（Tower Records）的知名廣告標語「NO MUSIC, NO LIFE」，我總認為「哪有這種事嘛——」

我曾做個一個實驗，就是嘗試一整個月完全不聽自己最愛的音樂，當時的結果令我大吃一驚。

可能是我身為樂評人，每天得聽大量音樂，聽到疲憊不堪的緣故，實施「音樂絕食」的那一個月，我竟然感到十分舒適愉快。同時，我也體認到「沒有音樂也活得下去」的事實是何等重要。

我認為先以「沒有也無所謂」為前提，然後抱持「一旦擁有音樂，人生將更加快活」的心態非常重要。

而且，正因為我一直秉持這樣的觀念，因此對於書籍、閱讀也是比照辦理。的確，就算沒書也能過日子。如果打算查詢某些資訊，上網查更方便；若想得到情報或靈感，利用智慧型手機更加便捷。

不過，所謂**「有書的生活，還是比沒有來的開心許多」**——對我而言，這是個難以推翻的事實。

如同第一章所言，一直以來，我深受音樂和書籍的影響。就現實問題來說，這兩樣都對我相當重要。然而，就因為如此，我認為自己更該思考「擁有書籍，自己的人生有何變化？」

此外，對於各位的人生而言，如果「擁有」書籍比較好，那麼我所介紹的閱讀方式應能派上用場。正因我深信如此，所以才下定決心寫這本書。

「為了知識涵養而閱讀」嗎？這種論調太無聊了！

每看完一本書，的確「有所收穫」。諸如從來不知道的資訊或知識、自己原本沒有的感性或價值觀。只要記事本中累積的單句感評愈來愈多，將可感受到讀過大量書籍的成就感，以及摘錄漸漸累積的滿足感吧。

然而，我認為有件事得同時留意。

那就是目的是否搖擺不定。

閱讀量增加愈多，自然就愈想從中獲得更多。不過這樣的結果，有時將變成以獲取知識涵養為目的。

有些可界定為「樂迷」的人在聆聽大量音樂的過程中，通常會收藏音樂類別、音樂家的姓名和其他音樂知識。與其享受音樂本身，他們的目的更在於了解音樂相關之事。雖然和這種人打交道有些麻煩，但每個人都有自己享受音樂的方式，因此就不再多做評論。

至於書籍也有類似的現象。以獲取知識為目的的閱讀之所以危險，原因不同於音樂的狀況，而是有時當事人往往變得相當傲慢。

人並非增長了知識，就變得偉大。猶如穿戴名牌精品的人誤以為「自己打扮時髦」一般，沉迷於收集知識的人，總是覺得「自己高人一等」。

正因為如此，每當我聽到「以獲得知識涵養為目的的閱讀」、「以提升自我為目的的閱讀」、「以生存於現代為目的的閱讀」等說法，總覺得十分刺耳。

就閱讀的結果而言，我並不否定可期待這些效果。然而，這些目的全都聚焦於看完書「以後」，並未看重閱讀本身的價值。換言之就是把閱讀當成為了獲得知識涵養、提升自我的痛苦修行一般。

不過，要是如此看待閱讀，豈不是變得無法享受閱讀？

所謂「以什麼為目的的閱讀」實在太無聊了！

就算是為了獲取「生存於現代的知識涵養」，而以閱讀為手段，結果收穫並不會太多。與其如此，我更希望大家能充分享受「閱讀大量書籍」的過程。

結語——

十年後「七千本書的世界」正等待著你

由於現在的我大約以一天兩本的步調閱讀書籍，因此目前每年的閱讀量達七百本以上。以此推算，若說十年後看過七千本書，也沒什麼好不可思議的。

本書「前言」曾提到上述內容。閱讀本書至此的人，或是在書店翻閱這篇「結語」的人，想必已被如此「遠大的未來」深深吸引。

至於已經實現這種大量閱讀生活的我，而今有件讓我重新思考的事。和「十年後的七千本書」相比，這是件令我更加重視的事。

在我過去的人生當中，曾不分類別或年代，聽過世界各國的種種音樂。但隨著經驗及年齡的增長，知識也逐漸累積，因此最後難免有比較熱衷的部分。不過正因為如此，才讓我一直認為唯獨這件事，絕對要謹記在心。

那就是「切勿忘記十三歲那時的心境」。

誠如各位所知，從小學到中學的這段期間，亦即所謂的青春期（大約十二到十四歲），是人生中最多愁善感的時期。以我個人來說，無論是音樂、書籍、美術，凡是在這段期間吸收到的事物，至今仍在我內心占有極大的份量。

在懵懂無知的當時，無論聽什麼音樂都感覺十分新鮮，因此聽音樂等同於吸收「新的事物」，十分令人開心。

不只是音樂而已，類似這樣的經驗，應該任誰都曾經有過吧？

雖然相當不容易，但我一直希望自己欣賞音樂及閱讀書籍時，能謹記「十三歲的心境」。

要是如現在一般一天閱讀兩三本書，不知不覺中，閱讀本身將漸漸變成「工作」。在講求內容之前，我有時也會先著重於「數量」和「步調」。

每當我發現自己有此傾向，便讓自己想起「十三歲那時的心境」。即使心情浮躁，依然興致勃勃地沉浸於閱讀之中，這就是我當年的心境。

或許十年後，我的眼前果真堆起七千本書。

不過相較於此，十年後我依然能秉持「十三歲的心境」閱讀，才是更重要的事吧。

只要具備這種心境，無關年齡與經驗，此生應能邂逅讓自己無比感動的書。

最後，謹向協助我撰寫這本書的鑽石社（DIAMOND, Inc.）書籍編輯部的藤田悠先生致上謝意。

印南敦史

印南敦史的書評

生活駭客〔日文版〕
http://www.lifehacker.jp/author/innami/

新聞週刊日文版
http://www.newsweekjapan.jp/writer/innami/

Suzie
http://suzie-news.jp/

WANI BOOKOUT「神就藏在一句話裡」
http://www.wanibookout.com/category/culture/kamihaichibun/

國家圖書館出版品預行編目資料

快速抓重點，過目不忘的閱讀術 / 印南敦史著；簡琪婷譯.
-- 初版. -- 臺北市：商周出版：家庭傳媒城邦分公司發行, 民106.10
208面；14.8×21公分. -- (ideaman；97)
譯自：遅読家のための読書術
ISBN 978-986-477-306-0(平裝)

1.讀書法 2.閱讀指導

019.1　　106014235

ideaman 97

快速抓重點，過目不忘的閱讀術

年讀700本人氣書評家高效率閱讀技巧大公開

原著書名／遅読家のための読書術
原出版社／株式会社ダイヤモンド社
作　　者／印南敦史
譯　　者／簡琪婷
企劃選書／劉枚瑛
責任編輯／劉枚瑛

版權部／吳亭儀、翁靜如
行銷業務／莊英傑、石一志
總編輯／何宜珍
總經理／彭之琬
發行人／何飛鵬
法律顧問／元禾法律事務所　王子文律師
出　　版／商周出版
臺北市中山區民生東路二段141號9樓
電話：(02) 2500-7008　傳真：(02) 2500-7579
E-mail：bwp.service@cite.com.tw
發　　行／英屬蓋曼群島商家庭傳媒股份有限公司城邦分公司
臺北市中山區民生東路二段141號2樓
讀者服務專線：0800-020-299　24小時傳真專線：(02)2517-0999
讀者服務信箱E-mail：cs@cite.com.tw
劃撥帳號／19833503　戶名：英屬蓋曼群島商家庭傳媒股份有限公司城邦分公司
訂購服務／書虫股份有限公司客服專線：(02)2500-7718；2500-7719
服務時間：週一至週五上午09:30-12:00；下午13:30-17:00
24小時傳真專線：(02)2500-1990；2500-1991
劃撥帳號：19863813　戶名：書虫股份有限公司
E-mail：service@readingclub.com.tw
香港發行所／城邦（香港）出版集團有限公司
香港灣仔駱克道193號東超商業中心1樓
電話：(852) 2508-6231　傳真：(852) 2578-9337
馬新發行所／城邦(馬新)出版集團
Cité (M) Sdn. Bhd. (458372U)
11, Jalan 30D/146, Desa Tasik, Sungai Besi, 57000 Kuala Lumpur, Malaysia.
電話：(603)9056 3833　傳真：(603)9056 2833

商周部落格：http://bwp25007008.pixnet.net/blog
行政院新聞局北市業字第 913 號

美術設計／簡至成
印　　刷／卡樂彩色製版印刷有限公司
經銷商／聯合發行股份有限公司
新北市231新店區寶橋路235巷6弄6號2樓
電話：(02)2917-8022 傳真：(02)2911-0053

■2017年（民106）10月05日初版
■2022年（民111）08月23日初版6刷

定價／300元

Printed in Taiwan
城邦讀書花園
www.cite.com.tw

ISBN 978-986-477-306-0

Idea man

Idea man